D1730847

Denkmalpflege in Mittelfranken

Denkmalprämierung
des Bezirks Mittelfranken 2013

Eine Veröffentlichung des Bezirks Mittelfranken
(Bezirksheimatpflege)

Denkmalpflege in Mittelfranken

Denkmalprämierung
des Bezirks Mittelfranken 2013

Herausgegeben vom Bezirk Mittelfranken
durch Andrea M. Kluxen und Julia Krieger

Verlag Delp, Bad Windsheim

Die Abbildung auf der Umschlag-
vorderseite zeigt einen Innenraum
im Gebäude Bamberger Straße 2 in
Diespeck (s. Seite 26).

Auf der Umschlagrückseite
ist ein historisches Türschloss
aus dem „Büchelehaus",
Klosterstraße 14, in Pappenheim
abgebildet (s. Seite 68–70).

Wir danken den Stadt- und Kreisheimatpflegern/-innen,
den Mitarbeitern/-innen der Bauämter und der Unteren Denkmalschutz-
behörden sowie vielen Eigentümern/-innen und Interessierten
für ihre wertvollen Informationen und ihre engagierte Mitarbeit.

*Soweit bekannt, wurden die mit
der Sanierung bzw. Restaurierung
beauftragten Architektur- oder
Ingenieurbüros bzw. Restaurie-
rungswerkstätten angegeben.*

© 2014 Delp Druck + Medien GmbH, Bad Windsheim

Redaktion: Julia Krieger, unter Mitarbeit von Andrea May, Bezirk Mittelfranken

Gesamtherstellung:
Delp Druck + Medien GmbH, Bad Windsheim

ISBN 978-3-7689-0284-7

Inhaltsverzeichnis

Geleitwort des Bezirkstagspräsidenten von Mittelfranken Richard Bartsch

Der Bezirk Mittelfranken prämiert 2013 zum 38. Mal besonders gelungene und vorbildliche Maßnahmen. Im Denkmalschutzjahr 1975 hat er diese öffentliche Ehrung eingeführt, um beispielhaftes bürgerschaftliches Engagement anzuerkennen und zu unterstützen, aber auch, um das öffentliche Bewusstsein für den hohen Wert der Denkmalpflege zu schärfen.

Im letzten Jahr hat eine Fachjury aus 87 gültigen Vorschlägen 52 prämierungswürdige Objekte ausgewählt, die im vorliegenden Band in Wort und Bild vorgestellt werden. Zusammen mit den Prämierungen der letzten 37 Jahre ergibt das die stattliche Anzahl von exakt 3900 denkmalpflegerischen Maßnahmen, die in Mittelfranken durchgeführt und vom Bezirk Mittelfranken als vorbildlich ausgezeichnet worden sind.

Das bedeutet:
3900 Mal hat in Mittelfranken ein wertvolles Baudenkmal überlebt. Es ist weder marode geworden, noch hat man es abgerissen. Vielmehr blieb es erhalten, wurde saniert oder gar vor sicherem Verfall gerettet.

3900 Mal haben diese Maßnahmen hinsichtlich ihrer Ausführung eine solch hohe Qualität erreicht, dass man sich Ähnliches auch für viele andere Denkmäler wünschen würde.

3900 Mal haben engagierte Eigentümerinnen und Eigentümer, Kirchen, Vereine und Institutionen Initiative ergriffen und großen persönlichem wie finanziellen Einsatz für den Erhalt ihrer Baudenkmäler an den Tag gelegt.

Allen Preisträgerinnen und Preisträgern sei dafür aufs Herzlichste gedankt! Ihr tausendfaches Engagement ist ein immenser Gewinn für unsere Region. Mit ihrem vorbildlichen Handeln haben sie dazu beigetragen, dass hier das kulturelle Erbe von vielen Menschen – zahlreichen Negativbeispielen zum Trotz – geschätzt und als Wert erkannt wird.

Der Bezirk Mittelfranken will dieses Engagement auch in Zukunft unterstützen. Das geschieht sowohl in ideeller als auch in finanzieller Hinsicht, in der Hoffnung, dass wir auch weiterhin dazu beitragen können, den Stellenwert der Denkmalpflege in unserer Region zu sichern und unsere überlieferte Baukultur in einer lebenswerten Region, in einer lebenswerten Heimat, erhalten zu können.

Richard Bartsch
Bezirkstagspräsident

Einleitung

Der Bezirk Mittelfranken zeichnet auch in diesem Jahr viele gelungene denkmalpflegerische Maßnahmen aus. Damit werden Eigentümer von Denkmälern geehrt, die mit ihrem Engagement wesentlich zum Erhalt unserer Heimat und unseres historischen Erbes beitragen. Die in diesem Band vorgestellten vorbildhaft sanierten Objekte bereichern unsere Region nachhaltig, wirken damit bewusstseinsbildend und regen zu Nachahmung an.

Die Bayerische Verfassung hat dem hohen Rang von Denkmalschutz und Denkmalpflege Rechnung getragen und verpflichtet den Einzelnen wie die öffentlichen Hände zu Schutz und Pflege der Kulturgüter, um kulturellen Kahlschlag zu verhindern. Denkmäler stehen also nicht zur willkürlichen Disposition, sie sind keine entbehrlichen Dinge und dürfen keineswegs einfach weggerissen werden.

Trotzdem muss die Denkmalpflege immer noch um öffentliche Anerkennung kämpfen. Da ist zum einen die schlechte finanzielle Ausstattung der öffentlichen Zuschusstöpfe, die dazu beiträgt, dass die Denkmalpflege erheblich an Akzeptanz verliert, wenn nämlich Eigentümer nicht in der Lage sind, die Erhaltung der Kulturgüter allein zu finanzieren.
Zum andern kann man leider immer wieder Gegenwind staatlicher und kommunaler Entscheidungsträger feststellen, was sogar zu rechtswidrigen Denkmalabrissen durch die öffentlichen Hände führt. Dadurch wird der leider viel zu häufig anzutreffenden Auffassung

Vorschub geleistet, doch diesen oder jenen „Schandfleck" lieber abzureißen, statt auch noch Geld dafür auszugeben. Wenn Baudenkmäler aber durch Abbrüche und nicht selten auch durch bewusst herbeigeführten Verfall bedroht sind, geht nicht reproduzierbares kulturelles Erbe von unersetzlichem Wert für immer verloren, was nicht nur die Kulturlandschaft zerstört, sondern auch unsere Lebensqualität mindert.

Im Unterschied dazu lassen sich die vom Bezirk Mittelfranken prämierten Denkmaleigentümer von solch beklagenswertem Verhalten nicht beeindrucken, sondern kommen ihrer Verantwortung für die realen wie ideellen Werte eines Denkmals vorbildhaft nach. Dieses beispielhafte Verhalten kann nicht hoch genug eingeschätzt werden.

In diesem Sinne ist zu hoffen, dass die Denkmalprämierung des Bezirks Mittelfranken weiterhin dazu beiträgt, die Denkmalpflege als wichtige Aufgabe für die Zukunft zu begreifen und Denkmaleigentümer zu ermutigen.

Dr. Andrea M. Kluxen
Bezirksheimatpflegerin
Kulturreferentin

Das Wohn- und
Geschäftshaus
im Jahre 2013

Die Nordseite vor der Sanierung

Nordseite 2013

Landkreis Ansbach

Dinkelsbühl, Nördlinger Str. 57

Der giebelständige, zweigeschossige Putzbau mit steilem Satteldach ist dendrochronologisch auf das Jahr 1425 datiert. Damit ist es eines der ältesten Häuser der Stadt. Es wurde in Fachwerkkonstruktion mit Lehmausfachungen errichtet; erst ca. 100 später kam es zur Versteinerung der Westfassade. Vermutlich diente das Haus ursprünglich als Kontor und Speichergebäude, da weder ausgesprochene Wohnräume (etwa eine Bohlenstube) noch entsprechende Farbfassungen nachweisbar waren.

Das Anwesen 2010

Die historische Dachkonstruktion konnte nahezu vollständig erhalten werden

Das heutige Erscheinungsbild geht im Wesentlichen auf eine Umbaumaßnahme vor 1990 zurück, bei man Wohn- und Geschäftsräume eingerichtet hat. Das zweigeschossige Dach dient – wie seit Jahrhunderten – als Lagerraum.

Nachdem vor einigen Jahren die Fassade aufgearbeitet worden war, betraf die aktuelle Maßnahme den spätgotischen Dachstuhl. Probleme bereitete seine „Schieflage". Nach einem Tragwerksgutachten ging man eine äußerst kostenintensive Dachwerksertüchtigung an. Die Sanierung musste bei laufendem Geschäftsbetrieb und permanenter Wohnnutzung vonstatten gehen.

Doch wie kam es zu der auffälligen Neigung? Wegen Untergrundproblemen senkte sich das Haus ungleichmäßig ab, es kam zu einer Schräglage mit Niveauunterschieden von bis zu 36 cm. Außerdem war im nördlichen Gebäudeteil ehemals ein Stall untergebracht. Salzausblühungen und Feuchtigkeit haben hier das Fachwerk früher und stärker geschädigt als an der Südseite. Die Verformung des Erdgeschosses setzte sich bis in den Dachstuhl fort. Hier verrutschten die Schindeln der einfachen Biberschwanzdeckung, es drang Regenwasser ein und schädigte das Dachwerk derart, dass dringender Handlungsbedarf bestand.

Die mittelalterliche Konstruktion sollte ungestört erhalten bleiben. Obwohl die Hölzer stark verformt waren, hat man sie soweit möglich behutsam rückverformt. Die Firstpunkte wurden stabilisiert und u. a. die absturzgefährdeten Giebelfassaden wieder an die Dachwerkskonstruktion angebunden. Auch die Queraussteifung wurde erheblich verbessert, tragende Konstruktionen mit Beihölzern verstärkt. So blieb die wertvolle Substanz des spätgotischen Dachstuhls – wie in einem hölzernen Stützkorsett – vollständig erhalten.

Der Eigentümer hat sich mit dieser von außen kaum wahrnehmbaren Maßnahme um den Erhalt von wertvollem Kulturgut sehr verdient gemacht.

Ing.: Burges und Döhring, Bayreuth. – Rest.: H. Wilcke, Heideck.

Judith Orschler

Spätgotischer Dachstuhl und Dachhaut waren stark beschädigt

Dinkelsbühl-Sinbronn, Nr. 43: ev.-luth. Kirche St. Peter

Die evangelische Pfarrkirche von Sinbronn ist eine romanische Saalkirche mit polygonalem Chorschluss, südlicher Portalvorhalle und nördlichem Chorflankenturm. Sie stammt aus dem frühen 13., der Chor vermutlich aus dem 14. Jahrhundert. Umbauten erfuhr die Kirche in der Barockzeit. Ihr mörtelfrei aufgemauerter Kirchturm mit dem hohen achteckigen Aufsatz gilt als Wahrzeichen der Gegend. Ursprünglich

Zustand 2013

Vorzustand mit altem Heizungskamin aus den 1960er Jahren

war die Kirche Teil einer Wehranlage, die aus einer Friedhofsmauer mit vier Ecktürmen bestand. Bereits in den 1960er Jahren fand eine – leider nicht denkmalgerechte – Renovierung statt, bei der ein moderner Kamin in die Kirche eingefügt worden war. Dies hatte zur Folge, dass sich die jüngste Sanierungsmaßnahme besonders aufwändig gestaltete, nicht nur wegen zu starker Verrußung des Inneren. Der Rückbau des störenden Kamins brachte statische Probleme mit

Der Innenraum nach der Sanierung

Die Innenmauern wiesen starke Rissbildungen auf

Das Sakramentshäuschen 2013

Vorzustand

sich, was eine besonders aufwändige Sicherung des Westgiebels erforderte. Außerdem musste die Statik des instabil gewordenen Turms wieder ertüchtigt werden.

Die umfassende Innensanierung betraf z. B. die Neufassung der quadratisch gefelderten Kassettendecke in Grau mit schmaler roter Rahmung. Besondere Erwähnung verdient die Aufarbeitung einer Eichenholztüre mit originalen Beschlägen von 1493. Auch die Heizung musste komplett erneuert werden. Der Fußbodenbelag besteht nach wie vor aus den alten Solnhofer Platten.

Ohne das Engagement der Gemeindemitglieder wäre die Renovierung der Pfarrkirche nicht möglich gewesen. Stets standen genügend Helfer bereit. So kamen fast 2000 (!) Stunden ehrenamtlicher Arbeit zusammen. Die Gemeindemitglieder brachten außerdem die Außenanlagen und die Friedhofswege auf Vordermann.

Judith Orschler

Historische Ausstattungsdetails 2013

Oberdachstetten-Dörflein, Nr. 18

Das Anwesen Nr. 18 liegt zentral in der Ortsmitte von Dörflein. Auf dem Grundstück befinden sich ein Wohnhaus und eine Scheune, die nun saniert worden ist. Eine Bauinschrift datiert den Nutzbau auf das Jahr 1861 und nennt den Namen des Erbauers.

Über dem Gebäudesockel aus massiven Sandsteinquadern erhebt sich eine Fachwerkkonstruktion, die aus Eichen- und Fichtenholz besteht. An ihr fallen die Dichte und damit die Fülle der verwendeten Konstruktionshölzer auf. Die Gefache sind relativ klein; die Ausfachungen bestehen aus Bruchsteinen.

Die Sanierungsmaßnahme umfasste die Wiederherstellung des bauzeitlichen Erscheinungsbildes. So entfernte der Eigentümer einen Anbau der Scheune aus dem Jahr 1907. Ihre Fassade wurde grundlegend saniert, so dass die Wände jetzt wieder in frischen Farben erscheinen: Rot gestrichene Fachwerkhölzer wechseln sich mit hell getünchten Gefachen ab.

Die Bedeutung dieser denkmalpflegerischen Maßnahme liegt vor allem im Engagement des Eigentümers für einen Nutzbau. Gerade solche

Die Ortsbild prägende Scheune nach der Sanierung

Gebäude fallen dem Strukturwandel und den damit einhergehenden baulichen Veränderungen besonders häufig zum Opfer, da sie nur selten einer adäquaten Neunutzung zugeführt werden können.

So lassen sich beispielsweise alte Scheunen nur schlecht in den Betriebsablauf moderner Hofstellen integrieren: Für Großmaschinen sind sie zu klein, für die Futterbergung in ihrer Konstruktionsweise nicht praktikabel. Umso lobenswerter ist daher der Einsatz des Eigentümers für den Erhalt seines Baudenkmals. Ganz zu Recht hat er sich, wie der Erbauer auch, nach Abschluss der Maßnahme mit seinem Namen und der Jahreszahl am Gebäude verewigt.

Judith Orschler

Traufseite 2013

Traufseite – Vorzustand

Die Fachwerkfassade erstrahlt nun wieder im alten Glanze

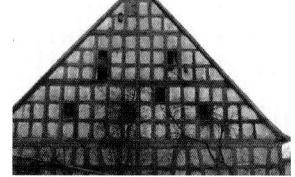

Giebelseite – Vorzustand

Fassadenausschnitt 2013

St. Jakob –
eines der Wahrzeichen
Rothenburgs

Der sanierte
Nordturm

Rothenburg o. d. T., Kirchplatz 14: ev.-luth. Pfarrkirche St. Jakob

Eines der Wahrzeichen Rothenburgs, die Pfarrkirche St. Jakob mit dem markantesten Kirchturm der mittelalterlichen Stadtsilhouette, ist nach fast achtjähriger Sanierung jetzt wieder ohne Gerüst zu sehen.

Der Bau des Gotteshauses wurde 1311 begonnen und 1484 abgeschlossen. Ursprünglich eine Kirche des Deutschen Ordens, ging sie Ende des 14. Jahrhunderts in den Besitz der Bürger der Freien Reichsstadt Rothenburg über.

Ende des 20. Jahrhunderts häuften sich die Schäden an der Bauzier. Die anschließende Überprüfung der Gebäudestatik 2003/2004 kam zu dem Ergebnis, dass eine umfassende statisch-konstruktive Instandsetzung der Kirche nötig war. Vor allem der Zustand des aufgehenden Mauerwerks mit Maßwerk und Strebepfeilern erforderte umfangreiche Reparaturarbeiten – nicht zuletzt als Folge fachlich nicht korrekt ausgeführter Renovierungsarbeiten vom Beginn des 20. Jahrhunderts. Letztere hatten zu Lastverschiebungen und damit zu Rissen in den Strebepfeilern geführt. Außerdem war das gesamte Dachwerk aus dem späten 14. Jahrhundert durch eindringende Feuchtigkeit stark verformt und durch Pilzbefall geschädigt. Die Befundaufnahme ergab, dass an den Türmen 60% des Maßwerks zerstört war.

Die Bauzier wurde umfangreich Instand gesetzt

Mauerwerk und Figurenschmuck nach der aufwändigen Maßnahme

Darüber hinaus waren fast alle Verfugungen schadhaft.

Eine aufwändige Gesamtsanierung hat nun alle Schäden behoben: zusätzliche Spannanker sichern die instandgesetzten bzw. rekonstruierten Strebebögen. Die Stabilität des Gewölbes über dem Chorraum ist wiederhergestellt. Schäden am Dachwerk wurden repariert.

Bei der Ertüchtigung des Mauerwerks waren umfängliche Reparaturen nötig. Dabei legte man besonderen Wert darauf, so wenig originale Steine wie möglich auszutauschen. Eine ganze Reihe der erforderlichen Arbeiten konnte die „Bauhütte" der Kirchengemeinde in Eigenleistung erbringen.

Die Pfarrei hatte eigens für das Renovierungsprojekt mehrere Aktionen unter dem Motto „Jakob steht auf" gestartet, um Spendengelder einzuwerben, beispielsweise einen „Ro-

Die Holzkonstruktion im Dach war stark geschädigt

An den Türmen war das Mauerwerk bis zu 60 % zerstört

thenburger Jakobslauf" oder den Verkauf von Souvenirs. Den vielen Ehrenamtlichen gebührt ein wesentlicher Anteil am Erfolg der Initiative, die dafür sorgte, dass rechtzeitig zum 700jährigen Jubiläum aus dem ursprünglichen Motto ein „Jakob steht sicher" werden konnte.

Arch.: Bergmann, Pfaffenhofen.

Judith Orschler

Figurenschmuck vor der Maßnahme

Die ehemalige Klosterscheune nach ihrer Rettung

Rothenburg o. d. T,
Klostergasse 8

Die traufseitig situierte ehemalige Klosterscheune mit Fachwerkobergeschoss und
Schopfwalmdach ist dendrochronologisch in
das Jahr 1472 datiert. Das Gebäude prägt mit
seinem hohen Erdgeschoss aus hellgrauen
Muschelkalkbruchsteinen und dem darüber-
liegenden Fachwerk das Bild der Klostergasse.
Die Verblattungen und die Konstruktionsweise
weisen auf das hohe Alter der Fachwerkkonstruktion hin. Auffallend sind außerdem seine
schmalen Hölzer aus Eiche und Fichte.
Bis in die jüngste Zeit wurde der Bau als landwirtschaftliches Nutzgebäude verwendet.
Mangels ausreichenden Bauunterhalts sowie
wegen massiver Eingriffe in das statische Gefüge war er stark einsturzgefährdet. So wurde
beispielsweise ein tragender Balken gekappt,
um landwirtschaftliches Gerät dort unterstel-
len zu können. Behelfsmäßige Abstützungen
sicherten den Bau nur notdürftig.
Glücklicherweise fanden sich neue, fachkundige Eigentümer, der sich mit großem finanziellen und zeitlichen Aufwand den Herausforderungen einer umfassenden Sanierungsmaßnahme stellten. So musste die bau-
fällige Rückwand durch eine Stütz-
mauer aus Beton ersetzt werden.
Sie ist jetzt sichtseitig mit Bruchsteinen verkleidet. Fehlstellen in
Mauerwerk und Gefachen wurden
ausgebessert oder erneuert, Decken und Dachstuhl instandgesetzt, das Dach mit alten Ziegeln
neu gedeckt.
Die Nutzung des Obergeschosses
als Wohnung erforderte eine ad-

Vorzustand der Fassade

Die Scheune war stark einsturzgefährdet

Im Inneren wurde moderner Wohnraum geschaffen

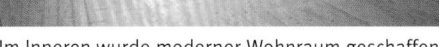

Innenraum – Vorzustand

äquate Wärmedämmung, die ökologisch vorbildlich in Lehm ausgeführt ist. Als denkmalpflegerisches Zugeständnis ist der Einbau von zwei Dachgauben zu werten. Geschickt war der Wunsch der Eigentümer nach zentrumsnahen PKW-Stellplätzen zu erfüllen: Im Erdgeschoss fand eine Garage Platz, deren Tor sich an Stelle des früheren Scheunentors befindet. Bei der denkmalpflegerischen Maßnahme am Anwesen Klostergasse 8 handelt es sich um die gelungene Adaption eines mittelalterlichen Zweckbaus an eine moderne Nutzung. Der originale Bauzustand ist größten Teils wiederhergestellt; notwendige Neuerungen sind behutsam in die alte Bausubstanz integriert. Ein großer Verlust für Rothenburgs historisch geprägtes Stadtbild konnte dank des überdurchschnittlichen Engagements der Eigentümer abgewendet werden.

Arch.: Hepp, Rothenburg.

Judith Orschler

Die Gibelseite 2013

Die Statik konnte wieder hergestellt werden

Fenstersituation 2013

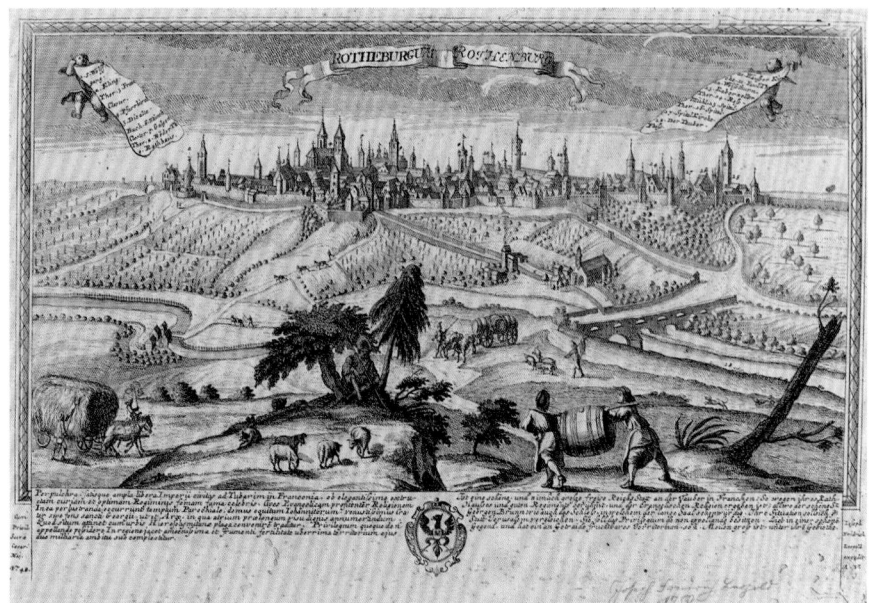
Stadtansicht von 1750

Der historische Weinberg konnte wiederbelebt werden

Rothenburg o. d. T., Weinberg an der Riviera

Ungewöhnlich ist die Maßnahme an Frankens südlichstem Weinberg, den die Stadt Rothenburg in Zusammenarbeit mit einem ortsansässigen Weingut wieder aus seinem Dornröschenschlaf erweckte.

Jahrhunderte lang prägte der sogenannte „Weinberg an der Riviera" in prominenter Lage am Südhang unterhalb der Stadtmauer die Ansicht Rothenburgs. Auf alten Stichen ist gut zu erkennen, wie großflächig der Weinbau hier einst betrieben wurde. Die „Rothenburger Riviera" diente nicht nur der Gewinnung von Wein, sondern auch handfesten strategischen Zwecken: Direkt unterhalb der Stadtmauern musste der Abhang frei von höherem Bewuchs gehalten werden. Im Kriegsfall war es für die Verteidiger der Stadt lebenswichtig, durch ein freies Beschussfeld einerseits gute Sicht auf die unmittelbare Umgebung zu haben und andererseits dem potentiellen Angreifer keine Deckungsmöglichkeiten zu bieten. Weinstöcke blieben im Gegensatz zu Bäumen niedrig und eigneten sich daher gut für die Bepflanzung der Hänge.

Bis in die 1920er Jahre betrieb man an der „Riviera" Weinbau, danach wurden alle Rebstöcke gerodet und die Anlage aufgegeben. Der Weinberg verfiel und verwilderte zusehends.

1978 kam der Anstoß zur Wiederbelebung der vom Gestrüpp mittlerweile völlig überwucherten Flächen. Seitdem wurden nach und nach – unter großem körperlichen Einsatz der Beteiligten – Schild- und Trockenmauern aus altem Steinmaterial wieder neu errichtet sowie Treppen über die Weinbergsterrassen angelegt.

Der Weinberg lädt zum Verweilen ein

Schild- und Trockenmauer wurden mit altem Material neu errichtet

Über zehn Jahre zog sich die Sanierung des alten Weinbergs hin – jetzt wird an der „Riviera" wieder Weinbau betrieben.
Der Hang erfreut sich seitdem sowohl bei Touristen als auch bei einheimischen Spaziergängern zu jeder Jahreszeit großer Beliebtheit.

Wer Abwechslung zu den engen Gassen und verträumten Winkeln der Stadt sucht, kann den Weinberg auf eigene Faust oder im Rahmen einer geführten Wanderung mit anschließender Weinprobe erkunden.
Diese Maßnahme wirkte sich in mehrfacher Hinsicht sehr positiv aus. So wurde nicht nur überliefertes Kulturgut wiederhergestellt und damit eine spezielle Lücke im Erscheinungsbild der Stadt geschlossen. Sie leistet darüber hinaus einen wichtigen Beitrag zum Natur- und Landschaftsschutz, indem sie der Vielfalt von Flora und Fauna zusätzlichen Lebensraum verschafft. Ein bedeutendes Element der Rothenburger Stadtgeschichte ist jetzt wieder erlebbar.

Judith Orschler

Der Weinberg vor der Reaktivierung

Vorzustand – überwucherte Flächen prägten das Bild

Zustand 2013

Vorzustand Giebelseite – Fachwerk noch unter Putz

Landkreis Fürth

Langenzenn, Hindenburgstr. 25a

An einer der Hauptstraßen von Langenzenn befindet sich das Stadthaus etwas abgerückt vom Straßenrand. Dadurch bildet es einen kleinen Vorplatz aus.

Sein Baujahr ist nicht bekannt, die Dachkonstruktion lässt jedoch auf eine spätmittelalterliche Erstehungszeit schließen. Zahlreiche Umbauten aus der zweiten Hälfte des 20. Jahrhunderts hatten dem Fachwerkhaus seinen ur-

sprünglichen Charakter fast vollständig genommen. Die Gemeinde Langenzenn erwarb das Anwesen, um es gezielt einer gastronomischen Neunutzung zuzuführen und den Straßenzug wieder zu beleben.

Im Verlauf der Restaurierungsarbeiten an dem bislang unscheinbaren Gebäude zeigte sich, dass noch weitaus mehr historische Bausubstanz vorhanden war als zunächst angenommen. Nach Entfernen der jüngeren Einbauten kam u. a. eine Bohlenbalkendecke aus dem 16. Jahrhundert zum Vorschein. Unter dem Dämmmaterial des Westgiebels fand sich überraschenderweise die vollständig erhaltene Fachwerkkonstruktion wieder. Eine spürbare Auf-

Das Erdgeschoss wird nun gastronomisch genutzt

Vorzustand

wertung der Fassade brachten eine neue Farbfassung sowie der Einbau denkmalgerechter Holzfenster. Die Rückseite des Hauses ziert ein Laubengang mit gedrehten hölzernen Stützen, deren Kopfstreben mit schlichten geschnitzten Ornamenten verziert sind.

Im Erdgeschoss fand nach dem Entfernen einiger Zwischenwände eine Eisdiele Platz. Das Obergeschoss und die ausgebauten Dachgeschosse enthalten seit der Sanierung eine Wohnung über drei Etagen. Obwohl das Gebäude nicht in die Denkmalliste eingetragen ist, haben die Bauherren bei der Restaurierungsmaßnahme einen äußerst verantwortungsvollen Umgang mit historischer Bausubstanz bewiesen. Die Gemeinde Langenzenn erreichte außerdem die gewünschte Aufwertung und Belebung des Straßenzuges.

Arch.: Keim-Architekten, Fürth.

Judith Orschler

Aufgearbeiteter Laubengang

Freigelegtes Fachwerk am Ostgiebel 2013

Mittelalterliche Bohlenbalkendecke – Vorzustand

Konstruktionsdetail im Innenraum

Laubengang – Detail

Vor der Sanierung war die Fassade verputzt

Die Inschrift über dem Portal erinnert an den einstigen Besitzer

Lastenaufzug 2013

Das Mühlengebäude nach der Gesamtsanierung

Veitsbronn-Siegelsdorf, Hauptstr. 11

Der Gebäudekomplex der ehemaligen Siegelsdorfer Mühle, nach einem früheren Besitzer auch „Förstersmühle" genannt, liegt am Flüsschen Zenn am nördlichen Ortsrand von Siegelsdorf. Die Ursprünge des Mühlenbetriebes gehen bis ins 14. Jahrhundert zurück. Das Hauptgebäude des Ensembles ist nach Befund in das späte 18. Jahrhundert zu datieren. 1831 zerstörte ein Brand große Teile des Gebäudes, das in der Folgezeit wieder aufgebaut wurde. Bis 1930 wurde die Mühle ausschließlich durch Wasserkraft betrieben. Kurz darauf erfolgte ihre Elektrifizierung.

Bis zuletzt war sie durch mangelnden Bauunterhalt in ihrer Substanz gefährdet. Jetzt hat sie der Besitzer aufwändig saniert. Ziel war es, die ehemalige Mühle zu Wohnungen und Gewerberäumen umzubauen.

Prägend für das äußere Erscheinungsbild des Mühlenbaus nach der Sanierung sind unterschiedliche Elemente: Nach der Wiederherstellung der Steinsichtigkeit der Mauern kommen deren Sandsteinquader wieder voll zur Geltung. Ein schlichtes Gurtgesims trennt die beiden unteren Geschosse voneinander. Am Türsturz des Portals verkröpft es sich an zwei Voluten, die neben dem Schriftzug über dem Eingang den einzigen Bauschmuck der Fassade darstellen.

Innenansicht – Vorzustand

Innenansicht 2013

Das Dachgeschoss wurde zu Wohnzwecken umgebaut

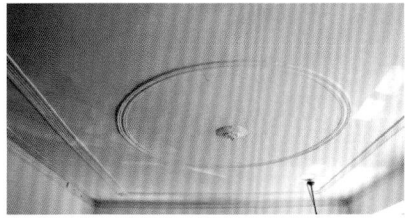
Erhaltene und restaurierte Stuckdecke im Erdgeschoss

Denkmalgerechtes Fenster im Dachgeschoss

Neun Fensterachsen mit vierflügeligen Fenstern gliedern die Fassade. Bei den bleirutenverglasten Exemplaren hatte sich eine erstaunlich große Zahl mundgeblasener Scheiben erhalten.

Je nach Erhaltungszustand wurden die Fenster restauriert oder durch neue nach altem Vorbild ersetzt. Gerade diese tragen heute wesentlich zum Flair der wiederhergestellten „Försterschen Kunstmühle" bei.

Das markanteste Bauteil im steilen Satteldach, die mittig angeordnete Gaube des früheren Lastenaufzugs, besticht durch die Neufassung ihres originalen Fachwerks. Das Dach erhielt eine neue Deckung aus Biberschwanzziegeln.

Die Einrichtung mehrerer Wohneinheiten in allen Geschossen erfolgte unter besonderer Rücksichtnahme auf bauhistorische Befunde wie z. B. Stuckdecken. Fachwerkkonstruktionen innerhalb größerer Wohnräume blieben bestehen. Die Wandflächen sind mit Kalkmörtelputzen versehen. Der Eingangsbereich ist wieder mit Solnhofer Platten belegt.

Ing.: Greller, Veitsbronn. – Rest.: E. Savelli, I-Pitigliano.

Judith Orschler

Historische Elemente wurden geschickt integriert

Landkreis Neustadt/Aisch-Bad Windsheim

Bad Windsheim-Ickelheim, Weedgasse 8

Im Zentrum von Ickelheim befindet sich das Anwesen Weedgasse 8. Es besteht aus zwei Gebäuden: einem zweigeschossigen Walmdachbau mit Fachwerkobergeschoss, datiert in die zweite Hälfte des 18. Jahrhunderts, sowie einer Scheune, die im 19. Jahrhundert entstanden ist. Das Wohnhaus weist eine für die ländliche Region ungewöhnliche Baustruktur auf: Sein Grundriss und die daraus zu erschließende ehemalige Nutzungszuweisung orientieren sich stark an städtischen Vorbildern. Dies wird

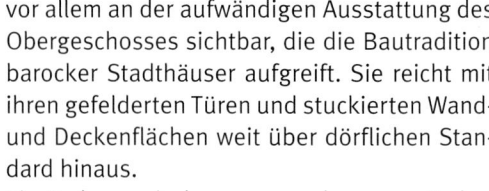

vor allem an der aufwändigen Ausstattung des Obergeschosses sichtbar, die die Bautradition barocker Stadthäuser aufgreift. Sie reicht mit ihren gefelderten Türen und stuckierten Wand- und Deckenflächen weit über dörflichen Standard hinaus.

Ein Umbau zwischen 1920 und 1930 veränderte den ursprünglichen Charakter des Hauses: Das Walmdach wich einem Satteldach, ein Fachwerkgiebel kam neu dazu. 1970 entstand auch auf der gegenüberliegenden Seite ein Fachwerkgiebel.

Über zehn Jahre stand das Haus leer, bis sich glücklicherweise ein fachkundiges Ehepaar, das bereits das benachbarte Schloss instandgesetzt hatte, des Gebäudes annahm. Ziel war es, den bauzeitlichem Zustand so gut wie ungeschmälert zu erhalten. Umgebende Anbauten jüngerer Zeit wurden abgebrochen, die Fachwerkgiebel rückgebaut und das ursprüngliche Walmdach – sogar mit den ehemaligen Hopfengauben! – wiederhergestellt. Es ist dabei ist viel Originalsubstanz erhalten geblieben. Die Eigentümer leisteten vorbildliche denkmalpflegerische Sanierungsarbeit auf höchstem Niveau, setzten alte Handwerkstechniken und alte Baustoffe ein. Vieles wurde denkmalgerecht restauriert – meist bis ins Detail. So sind beispielsweise der barocke Tonplattenbelag in der Küche erhalten und die aufgearbeiteten historischen Böden in Diele und Wohnzimmern. Moderne, ungeteilte Fenster ersetzten die Hauseigentümer durch originalgerechte Kreuzstockfenster.

Westfassade im Vorzustand

Das sanierte Anwesen im Sommer 2013

Blick in die Ferienwohnung im Erdgeschoss

Die Nordseite im Sommer 2013 nach Rückbau der Nebengebäude und Wiederherstellung des Walmdachs

Blick von Norden im Vorzustand

Von Südwesten gesehen

Im Badezimmer blieb ein historischer Brunnen erhalten

Küche mit historischem Tonplattenboden

Zwei luxuriöse Ferienwohnungen sind jetzt im sog. „Ickelhaus" untergebracht. Die alten Nutzungen und Raumbeziehungen sind in überlieferter Form belassen, lediglich geringfügige Anpassungen für die Wohnungseinrichtung waren erforderlich: So dient ein Teil des umgebauten Stalls als Wohnung, ein Bad ist in der ehemaligen Scheune eingerichtet, der dort vorhandene Brunnen ins Bad integriert.

Das Haus, das baugeschichtlich von außerordentlicher Bedeutung ist, hat dank seiner denkmalpflegebegeisterten Eigentümer wieder sein historisches Gesicht zurück erhalten und ist jetzt ein Schmuckstück in Ickelheim.

Arch.: W. Ulm, Ickelheim. – Rest.: Scheder, Ochsenfurt.

Judith Orschler

In der Küche wurde eine seltene Tupfenfassung gefunden

Das Wohnhaus von Südosten im Sommer 2013

Diespeck, Bamberger Straße 2

Der ehemalige Bauernhof besteht aus einem Wohnhaus, einer Scheune und Nebengebäuden, die sich um einen rechteckigen Innenhof gruppieren. Das Wohnhaus mit Halbwalmdach ist dendrochronologisch ins Jahr 1852 datiert. Es besitzt straßenseitig fünf, auf der Schmalseite vier Fensterachsen. Die hellgrau verputzte Fassade wird von kräftigen, umlaufenden Gesimsen gegliedert. Pilaster betonen die Gebäudeecken. Das Haus stand mehr als zehn Jahre leer, und davor war es lange nur im Erdgeschoss bewohnt.

Von außen wegen seiner Größe bemerkenswert, aber in seiner schlichten Eleganz nicht sonderlich auffällig, offenbarte sich im Inneren ein unvermuteter Glücksfall: Im ungenutzten Obergeschoss hatte sich die bauzeitliche Ausstattung fast vollständig erhalten! So kamen Holzfußböden – zum Teil als breite Dielen, zum Teil gefeldert, ebenso zum Vorschein wie der Tonplattenbelag in der ehemaligen Küche, Füllungstüren oder biedermeierliche Vierflügelfenster mit originaler Verglasung. Bemerkenswert sind außerdem die farbenfroh schablo-

Vorzustand der Hoffassade

nierten Wände in den ehemaligen Wohnräumen sowie eine außerordentlich seltene Tupfenfassung an den Küchenwänden, die lange unter Farbschichten verborgen blieb.

Der fachkundige Eigentümer hat den Bau von 2008 bis 2012 mit viel Eigenleistung auf hohem Niveau saniert. Zunächst stellte er die ursprüngliche historisch belegte Eingangssituation wieder her, indem er den Zugang zum Gebäude von der Giebel- an die Traufseite verlegte. Die historischen Fenster sind durch eigens geplante, moderne Kasten-Vorsatzfenster auf der Innenseite wärmegedämmt. Besonderes Augenmerk galt den wertvollen historischen Wandoberflächen. Die Fassungen wurden von einem Restaurator konserviert, die Tupfenfassung in der Küche freigelegt und minimal ergänzt.

Im Obergeschoss hat sich die farbenfrohe Wanddekoration erhalten

Türbeschlag im ersten Obergeschoss

Im Erdgeschoss befinden sich Büroräume – mit vollständig überliefertem „Kabinettla"!

Der erste Stock des Hauses soll Wohnzwecken dienen; im Erdgeschoss ist ein Architekturbüro untergebracht.

Der denkmalbegeisterte Eigentümer ging mit der historischen Bausubstanz und Ausstattung sehr schonend um und führte die Sanierungsarbeiten in vorbildlichster Weise aus. Das Anwesen offenbart nun einen reizvollen Kontrast von alt und neu.

Arch.: W. Schad, Diespeck. – Rest.: B. Farago, Nürnberg.

Judith Orschler

Die hofseitige Fassade nach Abbruch eines neuen Anbaus

Moderne Kästen schützen die originalen Fenster

Die Südfassade des Heimatmuseums nach (2013) ...

Ausstellungsraum mit saniertem Fußboden

... und vor der Maßnahme (2009)

Emskirchen, Hindenburgstr. 32: Heimatmuseum

Das Wohnhaus eines ehemaligen Bauernhofes beherbergt seit 1989 das Heimatmuseum von Emskirchen. Der traufseitig situierte Satteldachbau wurde von ca. 1632 bis 1638 in Fachwerkkonstruktion errichtet und vollflächig verputzt.

Die letzte Sanierungsmaßnahme lag mehr als zwanzig Jahre zurück; im Laufe der Zeit machten sich erhebliche Schäden an den Funda-

Entfeuchtete und überarbeitete Wände

Innenputz wies bereits zahlreiche Fehlstellen auf, der Holzfußboden im ehemaligen Wohnzimmer des Hauses war wegen des Fehlens einer Sperrschicht vollkommen morsch und deswegen so gut wie unbenutzbar geworden.

Der Heimatverein Emskirchen hat nun einen Großteil der erforderlichen Arbeiten eigenhändig geleistet. Von 2010 bis 2012 investierte er über 3100 Stunden Arbeit in die denkmalgerechte Wiederherstellung seines Hauses. Dabei gingen die Vereinsmitglieder mit großer Sorgfalt vor. Sie entfernten die verfaulten Teile des Fußbodens, besserten Schadstellen aus und bauten ihn auf abgedichtetem Untergrund und neuem Unterbau wieder ein. Von den Wänden nahmen sie die Putzschichten ab und ließen nach Ausbesserung der Fehlstellen die Wände neu fassen sowie sämtliche Oberflächen überarbeiten.

Die Bordüren, die in Schablonenmalerei ausgeführt sind, sind schon bei der Sanierung 1988 nach Befund wiederhergestellt worden. Die jüngste Instandsetzung hatte zum Ziel, diese farbenfrohen Malereien aufzufrischen. Die neuen Fenster sind historischen Vorbildern aus der Erbauungszeit nachempfunden, die dazugehörigen Fensterläden wurden aufgearbeitet.

Ohne die großartige Gemeinschaftsleistung der 32 Mitglieder wäre diese Maßnahme für den Verein nicht durchführbar gewesen. Damit verdient dieser größte Anerkennung für seine Leistung, mit der er nicht nur sich, sondern auch seinem Heimatort einen wichtigen Beitrag für die Zukunft erhalten hat.

Arch.: Franke, Emskirchen.

Judith Orschler

Der marode Fußboden vor seiner Wiederherstellung

Das Problem aufsteigender Feuchtigkeit war enorm

menten bemerkbar. Wohl wegen falscher Materialauswahl bei früheren Sanierungen waren sie vollständig durchfeuchtet und stark versalzt. Auch die Fassade war renovierungsbedürftig, da sich der Putz an vielen Stellen gelockert hatte. Feuchtigkeitsschäden zeigten sich auch im Inneren des Gebäudes, hier besonders stark an Wänden und Fußböden. Der

St. Gumbert nach Abschluss der Maßnahme

Illesheim-Westheim, Nr. 41: ev.-luth. Pfarrkirche St. Gumbert

Die Kirche geht im Kern auf einen Bau des 13. Jahrhunderts zurück. In das 18. Jahrhundert datiert ein Ausbau des Gotteshauses, bei dem u.a. die reich stuckierte Altarwand entstand. 1761 hat man den Kircheninnenraum mit aufwändigen Stuckarbeiten in Form von Rocaillen, Blütenranken und Gitternetzfeldern geschmückt. 1888 entstanden die Deckengemälde, die sich gut in die älteren Stuckkartuschen einfügen.

1982 fand eine Sanierung des Kirchendaches statt, doch zeigte sich vor kurzem, dass die damalige Maßnahme dem Gebäude nicht die notwendige nachhaltige Stabilität verschafft hatte. Das Dachwerk war stark verformt, drückte auf die Außenmauern des Langhauses und verursachte Ausbauchungen der Wände. Diese waren stellenweise bis zu 80 cm aus dem Lot geraten. An den Dachgauben drang Feuchtigkeit ein. Die Stuckdecke war gerissen, Teile waren abgeplatzt oder großflächig vom Untergrund gelöst.

Somit war dringender Handlungsbedarf gegeben. Die Kirche musste stabilisiert, die hochwertige Innenausstattung mit Stuckaturen und Deckengemälden gesichert werden.

Nach der Sanierung stellen Queranker, die die Mauern des Kirchenschiffs zusammenhalten, die Stabilität der Wände wieder her. Eine erneuerte, historisch korrekte und sehr aufwändige Dachdeckung verhindert jetzt das Eindringen von Feuchtigkeit im Bereich der Dachgauben. Die Kehlen der Gauben sind nun wieder ziegelgedeckt und nicht, wie bisher, mit Blech ausgekleidet. Durchfeuchtete Hölzer der

Dachgauben wurden aufgedoppelt und nur in Fällen, wo nicht mehr zu retten waren, ausgetauscht. So ließ sich trotz schwerer Schäden relativ viel historische Bausubstanz erhalten. Dübel und Schrauben fixieren jetzt die Stuckdecke am Tonnengewölbe. Die Farbigkeit des Innenraumes ist nach Reinigung der Stuckaturen in den Originalfarben Gelbweiß auf himmelblauem Grund mit Kalkfarben wiederhergestellt. Besonders lobenswert ist, dass sich die Kirchengemeinde nach langen Diskussionen hinsichtlich der Kosten letztlich für die historisch korrekte Farbfassung entschied und nicht nur für eine „Auffrischung" der unhistorischen Farben der Sanierungsmaßnahme von 1982. Dass eine kleine Kirchengemeinde eine so große Baumaßnahme erfolgreich stemmte, muss gewürdigt werden.

Arch.: Liebberger und Schwarz, Bad Windsheim. – Rest.: S. Achternkamp, Obernzenn.

Judith Orschler

Wie verformt die Außenwände waren, kann man noch erahnen

Blick ins Innere

Südseite im Sommer 2013

Ippesheim-Bullenheim, Nr. 115: Gasthaus

Das Wirtshaus „Zur Sonne" in Bullenheim stammt aus der ersten Hälfte des 19. Jahrhunderts. Das Haus ist im Erdgeschoss massiv aufgemauert, im Obergeschoss in Fachwerk ausgeführt. Zum Anwesen gehören noch einige Nebengebäude.

Der Gaststättenbetrieb war viele Jahre lang geschlossen. Von 2007 bis 2012 sanierten neue Eigentümer das Gebäude mit dem Ziel, den Wirtschaftsbetrieb im Erdgeschoss wieder aufzunehmen und die darüber liegenden Räume als Wohnung zu nutzen.

Im Eingangsbereich der Wirtschaft blieb der originale Terrazzoboden mit seinem mittig angeordneten Ornament erhalten. Die erhaltene Innenausstattung der Gaststube ließ sich fast unverändert übernehmen. Die hölzerne Wandvertäfelung, die Sitzbänke und der Tresen waren noch in gutem Zustand und erfüllen nach einer Aufarbeitung wieder ihren Zweck. Um aktuellen Vorschriften zu genügen, war der Einbau neuer Wirtschafts- und Sanitärräume erforderlich. Der ehemalige Kuhstall beherbergt jetzt die Küche, die frühere Küche wurde zum Durchgangsraum.

Die „klassische" Raumaufteilung alter Wirtshäuser sieht im Obergeschoss meistens einen Tanzsaal vor – so auch in der „Sonne". Ihn konnten die Eigentümer fast unverändert erhalten; sie funktionierten den Raum jedoch zu einem großen Wohnzimmer mit angeschlossener Küche um. Die historischen Stützen des Tanzsaales blieben bestehen und verleihen dem Wohnbereich nun besonderen Charme.

Sehr zeitintensiv gestaltete sich die Wiederherstellung der Fassade. Da sie vollkommen

Das Gasthaus im Vorzustand

durchfeuchtet war, führte kein Weg daran vorbei, den Putz vollständig abzuschlagen und nach der Trockenlegung des Mauerwerks neu anzubringen. Nun zeigt sich das alte Haus so wie zu seiner Erbauungszeit in der ersten Hälfte des 19. Jahrhunderts mit weißen Gefachen und goldgelben Konstruktionshölzern. Neue Fenster und Fensterläden wurden nach historischem Vorbild ergänzt bzw. rekonstruiert.

Das Äußere des Gebäudes hat durch die Fassadensanierung sehr gewonnen. Die Eigentümer scheuten die hohen Kosten nicht und machten das alte Wirtshaus mit der Sanierungsmaßnahme zu einem besonders attraktiven Blickfang in der Ortsmitte von Bullenheim.

Arch.: Hahn, Uffenheim. – Rest.: S. Scheder, Ochsenfurt.

Judith Orschler

Blicke in die wiederbelebte Gaststube

Die Gaststube im Vorzustand

Räumlichkeiten im ersten
Obergeschoss

Befundfenster

Das schmale
Torschreinerhaus
nach Abschluss
der Arbeiten

Markt Bibart, Nürnberger Straße 37: sog. Torschreinerhaus

Die Nürnberger Straße, die Hauptdurchgangsstraße Markt Bibarts, führte früher am westlichen und östlichen Ortseingang durch Tortürme hindurch, in denen auch die Wohnräume für die Torwächter untergebracht waren. Diese Tortürme sind nicht mehr erhalten. Als Rest der östlichen Toranlage blieb aber das sogenannte Torschreinerhaus bestehen. Das hoch aufragende zweigeschossige Wohnhaus mit Satteldach und Wänden in Fachwerkkonstruktion stammt im Kern aus der Zeit um 1600. Für das Jahr 1720 sind Umbaumaßnahmen belegt.

Für das Ortsbild von Markt Bibart ist der Bau von großer Bedeutung, markiert er doch den historischen Ortszugang im Osten. Von daher ist sein Erhalt sehr wichtig. Vor seiner Sanierung befand er sich in so schlechtem Zustand, dass man schon an Abbruch dachte.

Glücklicherweise hat die Gemeinde Markt Bibart das Haus schließlich erworben und grundlegend instandgesetzt, um es örtlichen Vereinen zur Verfügung zu stellen.

Nun ist die Fassade saniert und das Dach neu gedeckt, so dass das Torschreinerhaus wieder ein ansprechendes Äußeres zeigt. Im Inneren wurden alle Oberflächen (Fachwerkwände, Böden, Wandputze) gründlich aufgearbeitet, wobei qualitativ sehr hochwertige Materialien zum Einsatz kamen. Türen und Beschläge blieben erhalten, die Fenster sind gemäß dem Vorbild der historischen Originale erneuert. Stellenweise geben kleine Befundfenster Einblick in die unterschiedlichen Putz- und Farbfassungen früherer Epochen. Fachwerkwände im Inneren sind weiß getüncht, Konstruktionshölzer sichtbar belassen. Ein graugrüner Kalkfarbenanstrich umfängt den Flur bis auf ca. einen Meter Wandhöhe.

Die aufwändige Sanierung des Torschreinerhauses brachte sehr hohe Kosten für eine vergleichsweise kleine Nutzfläche mit sich. Umso mehr ist das Engagement der Gemeinde zu würdigen, die sich für die Sanierung entschied. Die denkmalpflegerische Maßnahme verhalf dem ehemaligen Torschreinerhaus wieder zu einer sinnvollen Nutzung und erhielt dem Ortsbild von Markt Bibart einen Blickfang, der es dauerhaft aufwertet.

Arch.: Liebberger und Schwarz, Bad Windsheim. – Rest.: E. Holter, Altdorf.

Judith Orschler

Das stattliche Bürgerhaus im Sommer 2013

Markt Erlbach, Hauptstraße 32: Bürgerhaus

In der Hauptstraße von Markt Erlbach hebt sich der ehemalige Gasthof „Zum Löwen" deutlich von seinen Nachbarhäusern ab. Seit 1838 prägt der markante Bau mit seiner massiven Sandsteinfassade sowie dem auffälligen Mansarddach den Straßenraum.

Nur wenige dekorative Elemente lockern seine Blockhaftigkeit auf: Eckpilaster und Gesimse gliedern die Fassade, zusätzlich beleben fein gesprosste Fenster die ruhigen Sandsteinflächen. Seit 2007 stand der Gasthof leer. 2008 konnte die Marktgemeinde Markt Erlbach das Gebäude mit Mitteln der privaten Stiftung „Bürgerhaus zum Löwen" erwerben, um eine neue Nutzungsidee zu verwirklichen: Durch Umbau

Der Wirtshausausleger wurde restauriert

2010 war das Gasthaus noch als „Gasthof" bezeichnet

Bohlenbalkendecke im Gastraum

Die Gaststube wird wieder genutzt

Im Gastraum sind Wandmalereien erhalten geblieben

zum Bürgerhaus sollten das kulturelle und gesellschaftliche Leben im Ort unterstützt sowie ortsansässige Vereine gefördert werden.

Die Maßnahme setzte sich dabei auch zum Ziel, möglichst viel historische Bausubstanz zu bewahren. Die Sandsteinfassade wurde aufgearbeitet und Fensterläden angebracht, so dass das Haus jetzt wieder das Erscheinungsbild der Bauzeit bietet. Das Dach erhielt eine neue Deckung mit Spitzbibern. Zur Belüftung und

Unterm Dach entstand ein großer Veranstaltungsraum

Auch im Nebenzimmer sind Wandmalereien überliefert

Vorzustand

Belichtung neu entstandener Räume im Dach war es nötig, zusätzliche Dachgauben an der Rückseite des Gebäudes anzubringen.

Im Inneren war noch viel originaler Bestand erhalten wie beispielsweise die vollständige Ausstattung der Gastraums, Fachwerkwände, wirtshaustypische Wandmalereien, Holzvertäfelungen, Türen, Bohlenbalkendecken und die Dachkonstruktion. Die gesamte Innenausstattung wurde gereinigt bzw. restauriert.

Wegen der Nutzung des Dachgeschosses war ein erschließender Anbau auf der Gebäuderückseite notwendig geworden, der in modernen Stilformen gehalten ist und sowohl Aufzug und Treppenhaus beherbergt als auch die nötigen Rettungswege anbietet. Gravierende Eingriffe in die historische Bausubstanz konnten durch die Anfügung dieses Bauteils vermieden werden.

Das „Bürgerhaus Zum Löwen" bietet jetzt Platz für Gemeindebibliothek und Versammlungsräume. Die Gaststätte im Erdgeschoss wird wieder regelmäßig genutzt; ortsansässige Vereine treffen sich zusätzlich noch im Dachgeschoss. Die denkmalpflegerische Maßnahme verhalf den Markt Erlbacher Bürgern zu einer neuen, attraktiven Begegnungsstätte. Das ehemalige Wirtshaus besitzt jetzt wieder den Stellenwert, den es ursprünglich einmal hatte.

Arch.: Liebberger und Schwarz, Bad Windsheim. – Rest.: P. Wolf, Nürnberg.

Judith Orschler

Es wurden hochwertige Fenster mit Bleisprossen nach historischem Vorbild verbaut

Die Ostfassade nach Abschluss der Arbeiten

... und im Vorzustand

Dielen, die von den Eigentümern in mühevollster Arbeit von allen jüngeren Farbschichten befreit wurden. Gut erhalten waren außerdem die Türblätter mit Originalbeschlägen, profilierte Fensterbänke aus Schilfsandstein und Bohlenbalkendecken.

Alle nötigen Instandsetzungsarbeiten führten die Eigentümer mit größter handwerklicher Sorgfalt aus und nur im nötigsten Maße, so dass der historische Charakter des Hauses jetzt wieder voll zur Geltung kommt. So erscheint die Stubendecke wieder in der weißen Kalkfassung des 18. Jahrhunderts. Ein Teil der Decken war mit sog. „Kuhkalk" behandelt, d. h. einer Kalkfarbe mit einer Beimischung von Kuhmist, die originalgetreu nachgemischt wurde.

Zudem ermöglichte der Einsatz ökologisch verträglicher Zutaten modernes Wohnen unter Beibehaltung aller Bauteile aus fünf Jahrhunderten: so verschaffen etwa die Innendämmung aus Naturmaterial, die Wandtemperierung im Erdgeschoss, Lehm- und Kalkputze sowie Isolierglasfenster mit Holzrahmen dem spätmittelalterlichen Haus den Komfort des 21. Jahrhunderts.

Mit bewundernswert hoher Eigenleistung brachten sich die Eigentümer in diese Maßnahme ein. Ihr großes Engagement bei der Wiederherstellung dieses Kleinods von Marktbergel ist noch einzuschätzen.

Ing.: IB Sauerhammer, Schwebheim.

Judith Orschler

Auch im Flur wurden die bauzeitlichen Oberflächen freigelegt

Die mit Kuhkalk geweißelte Decke im Wohnzimmer

Wohnzimmer im Vorzustand

Marktbergel, Am Niederhof 2

Am Niederhof, einem offenen Platz südöstlich der Kirche in Marktbergel, befindet sich ein eingeschossiges Wohnstallhaus. Ein Fachwerkgiebel des 18. Jahrhunderts im Osten sowie eine langgezogene Fachwerkfassade an der Südseite prägen das Erscheinungsbild des giebelständigen Anwesens.

Als die heutigen Eigentümer das Haus erwarben, ließ sich zunächst nicht erkennen, dass das Gebäude im Kern aus den Jahren 1553/54 stammt und damit wohl das älteste Haus von Marktbergel ist.

Seit der Sanierung der Fassade strahlt es nun wieder in frischen Farben. Die Restaurierungsarbeiten im Inneren aber gestalteten sich aufwändiger als erwartet. Der sanfte Rückbau, eine fast schon archäologisch zu nennende Aktion, förderte unter der Einrichtung der 1970er Jahre Schicht für Schicht ein Haus mit 460jähriger Vergangenheit zu Tage: Unter vollflächig verklebten Kunstfaserteppichen verbargen sich originale Böden aus der Mitte des 16. Jahrhunderts. Weiter kamen zum Vorschein breite

Uehlfeld, Hauptstraße 55: Unteres Torhaus

Beim Unteren Torhaus in der Uehlfelder Hauptstraße aus dem Jahr 1787 bilden zwei massiv gemauerte Sockel eine Durchfahrt, über denen sich ein Obergeschoss in Fachwerkkonstruktion erhebt. Ein Mansarddach schließt das Gebäude nach oben hin ab.

Das Untere Tor ist das letzte noch erhaltene Stadttor von Uehlfeld, seit das Obere Tor 1969 abgebrochen worden war. Auch für das Untere Torhaus standen solche Überlegungen an, denn es stand seit Jahren leer und war dem Verfall preisgegeben. Außerdem bildete es eine Engstelle an der stark befahrenen Bundesstraße und stellte eine Behinderung für den rücksichtslos durchrasenden Schwerlastverkehr dar. Immer wieder beschädigten Lastkraftwagen, die die maximale Durchfahrtshöhe des Torhauses ignorierten, den Bau empfindlich.

Glücklicherweise hatte sich die Gemeinde jetzt nicht nur entschlossen, dieses charakteristische Baudenkmal zu sanieren, sondern auch, es nachhaltig vor weiteren Beschädigungen durch Fahrzeuge zu bewahren. Dabei kam eine äußerst ungewöhnliche und unorthodoxe Methode zum Einsatz: Um die Durchfahrtshöhe zu erhöhen und so weitere Beschädigungen durch LKW zu vermeiden, wurde das gesamte Obergeschoss um knapp 40 cm angehoben. Man hat die Mauern oberhalb der Erdgeschossdecke waagerecht durchtrennt und anschließend das Obergeschoss mitsamt dem Dach in einem diffizilen Verfahren mit Hilfe von Pressluft angehoben. Der entstandene Zwischenraum wurde ausgemauert und im Inneren stabilisieren Stahlträger die neue Konstruktion.

Das sanierte und erhöhte
Torhaus im Sommer 2013

Historische Aufnahme
des Torhauses

Am Tag der Anhebung ...

Stahlträger wurden neu eingezogen. Hier ein Blick ins Treppenhaus

Die gewonnenen 40 cm wurden ausgemauert

Sanierte Bohlenbalkendecke im Obergeschoss

Selbst an der Toilettendecke gibt es interessante Befundfenster

Blick ins Obergeschoss

Jetzt können LKWs das Tor gefahrlos passieren

Vor der Maßnahme war das nicht möglich

Abgesehen davon wurde das Gebäude vollständig saniert. In den Obergeschossen hatte sich viel originale Bausubstanz erhalten: Bohlenbalkendecken, Fachwerkwände, Türen und Fenster. Die historischen Decken wurden im Zuge der Maßnahme aufgearbeitet, das Fachwerk in den Räumen freigelegt und weiß gefasst. Die Fensteröffnungen erhielten auf der Raumseite vorgeblendete Isolierglasscheiben.

Mit dieser findigen Maßnahme hat die Gemeinde ein wichtiges, identifikationsstiftendes Denkmal erhalten und wieder einer sinnvollen Nutzung zugeführt: Jetzt beherbergt das Torhaus einen Veranstaltungs- sowie einen Gruppenraum für Vereine – ein Gewinn für das ganze Dorf!

Arch.: Liebberger und Schwarz, Bad Windsheim. – Rest.: I. Winklmann, Scheßlitz.

Judith Orschler, Andrea May, Julia Krieger

Landkreis Nürnberger Land

Altdorf, Burg Grünsberg: Sophienquelle

Nahe der Burg Grünsberg bei Altdorf befindet sich im Wald die Sophienquelle. Die barocke Brunnenanlage ließ Johann Paul III. Paumgartner für seine zweite Frau Sophie um 1724 erbauen. Die Sophienquelle ist eine der größten barocken Quellfassungen nördlich der Alpen und damit ein herausragendes Baudenkmal barocker Gartenkultur im Nürnberger Land. Seit 1937 ist sie als Naturdenkmal eingestuft. Sie liegt, wie Burg Grünsberg auch, im Eigentum der Stromer'schen Kulturgut-, Denkmal- und Naturstiftung.

Die Brunnenanlage besteht aus zwei Wasserbecken und ähnelt im Aufbau einem Amphitheater. Eine halbrunde Wand aus Sandsteinquadern bildet die Rückseite der Architektur. Hier sind die Wappen der Familien Paumgartner und Stromer angebracht. Mittig in einer Wandnische befindet sich die Quellfassung. Aus dieser fließt das Wasser über mehrere Kaskadenbecken in den Hauptbrunnen. Rechts und links ist die Quelle von Freitreppen umgeben, die zu einer sandsteinernen Brüstung führen.

In den vergangenen Jahrzehnten war die Quelle immer wieder beschädigt worden. Zuletzt, im Februar 2011, stießen Randalierer einige Brüstungssteine der Brunnenwand in das Wasserbecken. Die Brunnenanlage musste also saniert werden.

Da allein Sanierung und Bauunterhalt der Burg Grünsberg die Stiftungsmittel mehr als bean-

Nach dem Vandalismusschaden erneuerte man die Brüstungssteine, 2012

Die Einfassung der Sophienquelle wenige Jahre nach ihrer Errichtung 1731 – noch mit einer Brüstung aus Steinbalustern

Das gereinigte Stromerwappen 2013

Die verfugten Brüstungssteine 2013

Ein neuer Schaden durch Baumschlag 2013

Die Quelleinfassung im unbeschädigten und unrestaurierten Zustand 2010

spruchen, konnten für die Sanierung der Sophienquelle erfolgreich Spenden eingeworben werden. Damit ließen sich die Schäden reparieren. Neue Brüstungssteine wurden hergestellt und in den historischen Baubestand integriert. Darüber hinaus wurden das Mauerwerk gereinigt und Fehlstellen ausgebessert.

Unglücklicherweise stürzte nach dem erfolgreichen Abschluss der Maßnahme ein Baum auf die Quellfassung, so dass jetzt ein ähnlicher Schaden zu beheben sein wird.

Die Beharrlichkeit und Ausdauer, mit der sich die Stromer'sche Stiftung – trotz mancher Rückschläge – für den Erhalt ihres ererbten Kulturbesitzes engagiert, sucht ihresgleichen und ist absolut prämierungswürdig.

Arch.: Windisch, Uttenreuth.

Judith Orschler

Happurg, Marktplatz 4

Gleich neben der Kirche von Happurg liegt das sogenannte „Kantorhaus". Dieses typische Beispiel für die bis weit ins 20. Jahrhundert übliche Kombination von Schulhaus mit Wohnung spiegelt die vielfältigen Aufgabenbereiche des Schulmeisters als Lehrer, Kantor und Organist wider.

Das ehemalige Schulhaus von 1806 erhebt sich über annähernd quadratischem Grundriss als zweigeschossiger Massivbau mit Walmdach und Innenwänden aus Fachwerk.

Zuletzt konnte das Gebäude, das sich im Eigentum der evangelischen Kirchengemeinde Happurg befindet, kaum noch genutzt werden. Sein Zustand war marode und unansehnlich. Eine Notsicherung war unumgänglich geworden.

Glücklicherweise entschloss sich die politische Gemeinde Happurg, Geld in die Hand zu nehmen, um das Haus zu sanieren und zu ei-

Die dem Marktplatz zugewandte Seite des „Kantorhauses" nach abgeschlossener Maßnahme im Sommer 2013

Die Gartenseite mit der vorgeschriebenen Fluchttreppe

ner Kinderkrippe umzubauen. Dafür waren zunächst umfangreiche statische Sicherungen vor allem am Dachstuhl notwendig. Dank einiger kleiner erhaltener Farbflächen war die Rekonstruktion der originalen Fassadenfassung mit Kalkputzen möglich. Der Anstrich ist rosa, Fenster und Türrahmen sind weiß gefasst mit bordeauxrotem Begleitstrich. Die neuen Kreuzstockfenster wurden nach einem erhaltenen Muster gearbeitet.

Im Erdgeschoss entstand ein großes, helles Spiel-
zimmer

Das Treppenhaus wurde kindgerecht saniert

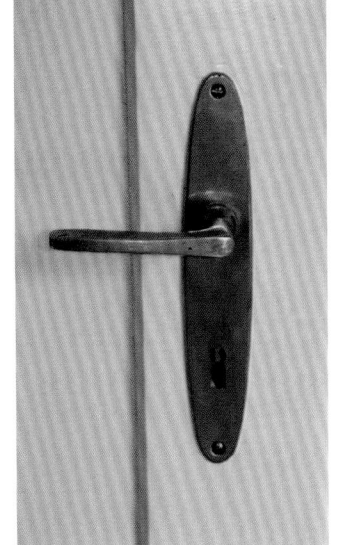

Detail:
ein überlieferter Türbeschlag

Im Inneren war noch viel von der originalen Ausstattung vorhanden. Diese wurde vorbild-lich restauriert. Im Erdgeschoss durfte zugun-sten eines großen hellen Spielzimmers eine Wand abgebrochen werden. Dass die alte Treppenanlage an die veränderte Nutzung an-gepasst wurde, ist durch den doppelten Hand-lauf – auf Kleinkindhöhe – ersichtlich. Die Kin-dersicherung am Fuss der Treppe ist ein gelun-genes Beispiel für den einfühlsamen Umgang mit dem Bestand: Das Gitter ist dem histori-schen Treppengeländer nachgebildet.
Die Nutzung als Kinderkrippe muss vielen Vor-schriften genügen, u. a. hinsichtlich der Flucht-wege. Hierzu dient jetzt eine Stahltreppe, die aus dem Obergeschoss in den Garten führt. Trotz hoher Auflagen von vielerlei Seiten hat die Gemeinde Happurg den hohen Aufwand nicht gescheut. Die Sanierung beschert dem „Kantor-haus" jetzt ein neues Leben und dem Ortsbild von Happurg ein besonderes Schmuckstück.

Arch.:   Keim-Architekten, Fürth. – Rest.: Wilcke, Heideck.

Judith Orschler

Hersbruck,
Martin-Luther-Str. 29

Zwischen Wassertor und Marktplatz liegt an prominenter Stelle ein mächtiger Renaissancebau. Das zweigeschossige Giebelhaus mit steilem, viergeschossigem Satteldach zeugt vom einstigen Reichtum der Stadt Hersbruck, damals Knotenpunkt an der ehemaligen Handelsstraße zwischen Prag und Nürnberg.

Um 1950 wurde das Gebäude, in dem lange die Gastwirtschaft „Wolfsschlucht" untergebracht war, zuletzt saniert. Diese lange Zeitspanne und viele unsachgemäße Eingriffe waren die

Die „Wolfsschlucht" im Vorzustand 2004

Das ehemalige Gasthaus nach Abschluss der Maßnahme im Sommer 2013 – mit dem wieder entdeckten Fester im Mezzaningeschoss

Der hofseitige Giebel nach abgeschlossener Maßnahme,
Sommer 2013

Blick auf den hofseitigen
Giebel vor seiner Sanierung

Gründe für den gefährdeten Zustand des Baus. Dennoch hatte sich hier – bis auf kleinere Störungen – nahezu vollständig der erbauungszeitliche Zustand von 1610 erhalten.

Die Außenwände sind aus Kalkbruchsteinen aufgemauert, die Innenwände in Fachwerkkonstruktion errichtet. Eine kreuzgratgewölbte Durchfahrt führt in den Hof sowie zu einem Hinterhaus. Im Obergeschoss des Haupthauses befindet sich wohl die am besten erhaltene Renaissance-Ausstattung der Stadt. Fast vollständig sind Fußböden, Fachwerkwände, Türblätter, Türrahmen, Fenster und Decken überliefert.

Durch eine großangelegte Sanierungsmaßnahme wurde das ehemalige Gasthaus nun einer neuen Nutzung zugeführt. Die Gewölberäume des Erdgeschosses beherbergen jetzt eine Weinhandlung und ein Büro, die Obergeschosse und das Hinterhaus wurden zu Wohnungen ausgebaut.

Zahlreiche Substanz schonende Maßnahmen waren dafür nötig: z. B. wurde der Dachstuhl nur dort ausgebessert, wo es nötig war, den rückwärtigen Fachwerkgiebel stabilisiert nun eine innen eingebaute Stützkonstruktion. Für die Dachdeckung konnten zum Teil alte Ziegel verwendet werden. Die Gewölbedurchfahrt erhielt wieder ihren authentischen Belag aus hölzernen Bohlen. Im Inneren wurden sämtliche Oberflächen detailgenau restauriert oder originalgetreu ergänzt wie z. B. ein Türblatt mit Resten historischer Intarsien.

Ein schönes Detail stellt das im Zwischengeschoss über den Gewölberäumen wieder entdeckte Kreuzstockfenster aus der Renaissancezeit dar. Im Zuge der Sanierung wurde es sorgfältig instandgesetzt und mit einem innen liegenden Vorsatzfenster wieder eingebaut.

Das historische Fenster diente als Vorlage zur Rekonstruktion der übrigen straßenseitigen Fenster.

Die Wiederbelebung des markanten Giebelbaus als Wohn- und Geschäftshaus ist hervorragend gelungen. Schon allein die Größe des Gebäudes erforderte einen sehr hohen Aufwand bei der Sanierung. Deshalb ist das Engagement der Eigentümer umso mehr hervorzuheben.

Arch.: Keim-Architekten, Fürth. – Rest.: N. Lenk, Neunkirchen am Brand.

Judith Orschler

Die Durchfahrt wirkt jetzt sehr einladend

Wertvolle Renaissancetüre im ersten Obergeschoss

Durchfahrt vor der Sanierung

Flur im ersten Obergeschoss

Die Scheune und das Wohnhaus in saniertem Zustand im Sommer 2013. Auf der dorfabgewandten Dachschräge wurden alte Ziegel wiederverwendet

Nordseite

Während der Arbeiten

Südseite

Kirchensittenbach-Oberkrumbach, Nr. 74: Scheune

Die kleine Ortschaft Oberkrumbach ist berühmt für ihre zahlreichen Fachwerkgiebel und zeichnet sich durch ein besonders geschlossenes Ortsbild aus. Das am Hang gelegene Anwesen Oberkrumbach 74 besteht aus einem Wohnhaus und einer oberhalb gelegenen großen Scheune. Beide sind giebelständig in Nord-Süd-Richtung situiert.

Das Wohnhaus stammt aus dem Jahr 1751, die Scheune von 1783. Auf einem Bruchsteinsockel erhebt sich die langgestreckte, traufseitig erschlossene Fachwerkscheune. Das oberste Feld ihres Nordgiebels ist verbrettert.

Das Wohnhaus wurde bereits in den 1980er Jahren saniert und erhielt dafür 1985 eine Denkmalprämierung. An der Scheune führte man damals nur einige kleinere Renovierungsarbeiten aus. Jetzt haben die Eigentümer die grundlegende Wiederherstellung des alten Nutzbaus in Angriff genommen und sehr viel Energie und Arbeitszeit dafür aufgewandt.

Ein ortsansässiger Zimmermann unterstützte sie dabei, das Fachwerk instandzusetzen und den Dachstuhl zu reparieren. Bei der Neudeckung des Daches legten die Sanierer besonderes Augenmerk auf die Materialauswahl. Soweit es der Erhaltungszustand erlaubte, wurden an der Rückseite des Gebäudes die originalen Biberschwanzziegel wieder verlegt, während die dorfseitige Dachfläche neue Ziegel erhielt. Die Verblechungen wurden ebenfalls erneuert, die Fassade farblich neu gefasst. Ursprünglich planten die Hauseigentümer die Installation einer Photovoltaik-Anlage. Glücklicherweise haben sie sich anders entschieden und dafür eigens ein separates Nebengebäude am Grundstücksrand errichtet. So hat das Anwesen nach Abschluss der Arbeiten optisch sehr gewonnen und ist eine wertvolle Bereicherung des Ortsbildes geworden.

Judith Orschler

Pommelsbrunn-Eschenbach, Nr. 411: ev.-luth. Pfarrkirche St. Paul

Die evangelisch-lutherische Pfarrkirche St. Paul in Eschenbach ist eine der ältesten Kirchen im Nürnberger Land. Ihr Chorturm stammt von 1300, das Langhaus aus dem 14. oder 15. Jahrhundert. Seitdem wurde die Kirche immer wieder umgebaut.

Wegen massiver statischer Mängel am Dach sowie Feuchtigkeitsschäden am Mauerwerk war eine Generalsanierung notwendig geworden. Die Statik am Dach wurde wieder hergestellt. In diesem Zuge konnten Risse an der barocken Stuckdecke geschlossen werden. Danach erfolgte eine Sanierung der Dachgauben und anschließend eine Neueindeckung mit Spitzbibern. Das stark durchfeuchtete Mauerwerk machte die Instandsetzung der gesamten Putzfassade erforderlich. Nun erstrahlt diese wieder in Weiß mit sandsteinfarbenen Fenstergewänden.

Die Pfarrkirche nach Abschluss der Arbeiten 2013

Detail: Deckenstuck

Blicke in den Innenraum

Detail: Deckenmalerei

Darüber hinaus fanden weitere Sanierungs-maßnahmen statt, bei der sich die gesamte Kirchengemeinde stark ehrenamtlich enga-gierte. Dazu gehörten die gesamte Innenreno-vierung (Glasfenster, Altar, Kanzel, Emporen), das Herstellen eines barrierefreien Zugangs und der Austausch des stählernen Glocken-stuhls durch einen hölzernen.

Nach der Sanierung des Innenraumes erschei-nen die beiden Emporen wieder in hellen Farb-tönen. Das Gestühl erhielt eine blaue Fassung. Beim Deckenstuck wechseln rosafarbene und hellblaue Felder.

Einige ortsansässige Handwerker brachten ihr Knowhow und ihre Arbeitsleistung unentgelt-lich ein. Mit pfiffigen Aktionen wie z. B. einem Adventsbasar oder Benefizkonzerten sammel-te die Kirchengemeinde beachtliche Spenden-summen. Bei einer kleinen Kirchengemeinde mit nur ca. 500 Mitgliedern ist dieses Engage-ment absolut vorbildlich.

Arch.: Thiemann, Hersbruck.

Judith Orschler

Schnaittach-Osternohe, Kreuzbühler Str. 27

Wohnhaus und Scheune nach Abschluss der Arbeiten

Das ehemals bäuerliche Anwesen in Osternohe, bestehend aus einem traufseitigem Wohnhaus und rechtwinklig dazu stehender Scheune, stammt aus der Mitte des 19. Jahrhunderts. Anfang des 20. Jahrhunderts besaß das Wohnhaus noch einen Zwerchgiebel, der zwischenzeitlich abgebaut wurde. 1913 wurde das bis dahin eingeschossige Haus aufgestockt. Das zweigeschossige Haus ist im Erdgeschoss in Massivmauerwerk, darüber teilweise in Fachwerkbauweise errichtet.

Nun hat der Eigentümer das Ensemble über sechs Jahre lang mit einem hohen Maß an Eigenleistung saniert. Während der Arbeiten stellte sich heraus, dass das Fachwerk, insbesondere unter dem ehemaligen Zwerchgiebel, so stark geschädigt war, dass Teile der Wand komplett erneuert werden mussten. Die Fassade wurde anschließend instandgesetzt und rot-weiß gefasst, während der Westgiebel komplett verputzt worden ist.

Fenster und Eingangstür fallen durch flache Segmentbögen auf. Andreaskreuze unter den traufseitigen Fenstern des ersten Stocks betonen diese Bauelemente. Alle Fenster sind erneuert und originalen Vorgängern nachempfunden.

Im Wohnbereich achtete der Eigentümer auf die Verwendung heimischer Hölzer für die Fußböden. Zeitgemäßen Wohnansprüchen gerecht wird das Gebäude nun durch den Einbau einer Wandheizung, unterstützt von einer ökologischen Dämmung. Behutsame Eingriffe in die ursprüngliche, kleinteilige Raumsituation – die Ausfachung einer Innenwand wurde entfernt – verleihen den Wohnräumen im Zusammenspiel mit den hellen Lehmputzen eine freundliche Atmosphäre.

Es ist hoch zu bewerten, dass der Hauseigentümer auch die Außenanlagen sowie die Scheune vorbildlich wieder instand gesetzt hat.

Der Westgiebel wurde komplett verputzt

Im Inneren sind die Fachwerkwände stehengeblieben

Nicht zuletzt dadurch erhält das Anwesen ein attraktives Erscheinungsbild und trägt wesentlich zum Erhalt des ländlich geprägten Ortsbildes von Osternohe bei.

Judith Orschler

Landkreis Roth

Gesamtansicht der Wasserschlosses 2013

folgten einige Umbaumaßnahmen. Den Schlosspark umgibt ein Holzlattenzaun, der an seinen Ecken und am schmiedeeisernen Eingangstor mit insgesamt sechs hohen Sandsteinpfeilern mit Zwiebelhauben markiert wird. Diese Einfriedung stammt aus der Zeit um 1900. Die Anlage präsentiert sich somit als reizvolles Konglomerat aus barockzeitlichen und historistischen Elementen und stellt ein herausragendes Denkmälerensemble in Mittelfranken dar.

Die Anlage befindet sich seit über hundert Jahren in Familienbesitz und dient als Wohnung. Die erhebliche Baumasse von Schloss, Nebengebäuden und Parkanlage erfordert laufende Instandsetzungsarbeiten, die die Eigentümer seit Jahrzehnten, unterstützt von einem Förderverein, durchführen. Unter anderem deswegen zeigt sich das Schloss in sehr gutem baulichem Zustand. Zuletzt wurden Teile des Schlossdachs, die Verblechungen der Sandsteinpfeiler des Schlossparkzauns sowie das Hoftor saniert.

Abenberg-Dürrenmungenau, Schlossallee 1: Einfriedung des Schlosses etc.

Die Ursprünge des Wasserschlosses in Dürrenmungenau finden sich bereits im 14. Jahrhundert. Es ist im Kern mittelalterlich; nach Zerstörung im 30jährigen Krieg, 1722 bis 1725, wurden Schloss, Nebengebäude und Schlosspark im barocken Stil wieder aufgebaut. Um 1900 er-

Die Sanierung der Holzgauben war Teil der Maßnahme

Die Toranlage während der Maßnahme – alt und neu nebeneinander

Die Turmhelme wurden aufwändig erneuert

Toranlage 2013

Am Dach wurden die historistischen Holzgauben von 1900 statisch gesichert und gestrichen. Für die neue Einblechung der Turmhauben am Zaun entwickelte ein Schmied eigens eine neue Falzmaschine. Darüber hinaus waren Arbeiten zur Stabilisierung an den Unterkonstruktionen der Türme notwendig.

Die unermüdlich ausgeführten, zahlreichen Instandsetzungsmaßnahmen am Schlossensemble erfordern von den Eigentümern seit Jahren hohe finanzielle Aufwendungen. Dadurch sichern sie den vorbildlichen Bauzustand der Anlage.

Arch.: Geißel, Abenberg.

Judith Orschler

Zustand 2013

Greding-Heimbach, Salvatorweg: kath. Pfarrkirche St. Pauli Bekehrung

Die mittelalterliche Kirche geht auf das Jahr 1308 zurück. 1744 bis 1746 erfolgte ein barokker Umbau, bei dem Dachstuhl und Turm erhöht wurden. Die jüngste bauliche Veränderung, eine Verlängerung des Kirchenschiffs, stammt aus dem Jahr 1902. Die Innenausstattung besteht im Wesentlichen aus dem Hauptaltar mit einer Marienfigur sowie aus Seitenaltären, die den Hl. Johannes und Paulus geweiht sind. Am Chorbogen hängt eine Madonna im Strahlenkranz.

Wegen Schäden an der Dachkonstruktion und Rissen im Kirchenschiff wurde der Bau generalsaniert. Einige Balken mussten wegen Holzschwammbefalls repariert bzw. ersetzt werden. Die marode Dachdeckung wurde erneuert, wobei alte Ziegel Verwendung fanden. Am Dach war eine zusätzliche Herausforderungen zu bewältigen: Da hier Fledermäuse leben, mussten die Instandsetzungsarbeiten während der winterlichen Abwesenheit der geschützten Tiere erfolgen. Reinigung und Er-

Die Kirche nach der Instandsetzung 2013

Innenraum 2013

tüchtigung des Dachwerks fanden also unter extremen Witterungsbedingungen statt. Nur so konnte den Auflagen des Denkmalamtes und der Naturschutzbehörde entsprochen werden. In Inneren wurden der gesamte Skulpturenschmuck sowie die Stuckierungen nach Originalbefund restauriert. Auch Schäden an Kanzel und Kirchenbänken wurden beseitigt.

Die Gemeinde hat den hohen finanziellen Aufwand nicht gescheut. Unterstützung erfuhr sie durch zahlreiche ehrenamtliche Helfer, die auch nach Abschluss der Restaurierungsmaßnahmen zur Verfügung stehen: Das Fledermausquartier nämlich erfordert eine alljährliche Reinigung des Dachstuhls. Die gesamte Maßnahme ist auch insbesondere deswegen erwähnenswert, da die Kirche nur an Feiertagen genutzt wird und Heimbach eine sehr kleine Gemeinde ist.

Arch.: E. Greiner, Hilpoltstein. – Rest.: Chr. Jenner, Nürnberg.

Judith Orschler

Der Innenraum wies zahlreiche Schäden auf

Für die Farbgebung wurden Versuchfelder angelegt

Die Innenausstattung wurde restauratorisch aufgearbeitet

Roth, Münchener Str. 28: ev.-luth. Kreuzkirche

Außenansicht 2013

Bei der Rother Kreuzkirche handelt es sich um einen Sandsteinquaderbau mit polygonalem Chorschluss, Satteldach und einem achteckigen Fachwerkdachreiter. Sie entstand 1625 als Friedhofskirche.

Nach starken Verwüstungen im 30jährigen Krieg erfolgten 1657 Instandsetzungsmaßnahmen. Das ausgehende 19. Jahrhundert brachte Umbauten im Stil der Neugotik, die dem Innenraum ein einheitliches Erscheinungsbild von hoher Qualität verschafften. Eine schlichte Flachdecke aus rechteckigen Holzkassetten schließt seitdem den Raum nach oben ab. Bemerkenswert ist die vollständig erhaltene historistische Ausstattung mit aufwändigem Schnitzwerk an Altar, Kanzel und Taufsteindekkel sowie die farbenfrohen Glasmalereien.

Der Bau war in seinem Bestand gefährdet, da Mauern und Dachstuhl dringend sanierungsbedürftig waren. Zeitweise musste er sogar geschlossen werden. Die statischen Mängel wurden behoben, der Dachstuhl ertüchtigt. Im Zuge einer Bodenabsenkung für die Schaffung eines barrierefreien Zugangs kamen zwei bisher unbekannte Grüfte zum Vorschein. Auch im Inneren wurden zahlreiche Maßnahmen durchgeführt, wie beispielsweise die Neufassung der Decke nach Befund oder die Instandsetzung und Restaurierung der farbigen Glasfenster und ihrer Schutzverglasung. Am neugotischen Schnitzwerk wurden fachgerecht Ergänzungen angefügt.

Zur Finanzierung der Maßnahme hat die Kirchengemeinde Spendengelder eingeworben, u. a. mit einer publikumswirksamen Idee: Die

Gemeinde verkaufte individuell gebrannte Dachziegel mit dem Spendernamen. Damit ließ sich ein Teil des Kirchendachs neu decken, während für den Rest brauchbare alte Ziegel der Stadtkirche Verwendung fanden.

Arch.: M. Gsaenger, Georgensgmünd. – Rest.: Fenster: M. Hör, Neumarkt; Inneres: P. Wolf, Nürnberg.

Judith Orschler

Innenraum nach der Sanierung

Dachreiter – Vorzustand

Vorzustand

Die Restaurierung der Glasfenster und die Erneuerung der Schutzverglasung waren Teil der Maßnahme

Dachreiter 2013

Das Schnitzwerk im Innenraum wurde, wenn nötig, ergänzt

Schwanstetten, Traumühlweg 17: Scheune

Am westlichen Ortsrand von Schwanstetten liegt die Traumühle, hinter der der Hembach fließt. Die Baugruppe prägt den Ortsteil maßgeblich und ist daher ein wesentlicher Träger lokaler Identität.

In lockerer Anordnung gruppieren sich ein kleines Wohnhaus, die Mühle und – leicht zurückgesetzt – die Scheune, ein Fachwerkbau mit Steilsatteldach.

Diese Scheune ist ins ausgehende 18. Jahrhundert zu datieren. Der Bau ist dreischiffig zu jeweils drei Jochen angelegt. Der rückseitige Westgiebel ist verbrettert. Den Ostgiebel ziert ein kunstvoll ausgearbeitetes Schmuckfachwerk. Kurze, auf halber Höhe verzierte Ständer betonen zwei Luken, die links und rechts der Gebäudeachse angeordnet sind. Ähnliche Ornamente finden sich an den Kopfstreben im Dachgeschoss wieder.

Der Nutzbau war in den letzten Jahren stark vernachlässigt. Erst mit ihrem Übergang an den jetzigen Eigentümer wurde seine Sanierung ermöglicht. Massive Eingriffe in die Kehl-

Vorderansicht 2013

Vorzustand

Der ehemalige Heuaufzug am Ostgiebel

Der verbretterte Westgiebel 2013

Nordansicht 2013

balkendecke wegen des Einbaus eines Heu-aufzugs in den 1950er Jahren machten eine statische Nachbesserung nötig; die Längsaus-steifung des Gebäudes wurde im Zuge der Sa-nierung optimiert. Ferner erhielt der Westgie-bel eine neue Bretterschalung. Das zweiflüge-lige Scheunentor auf der Ostseite ist vorbild-lich aufgearbeitet. Außerdem erhielt die Farb-fachwerkkonstruktion eine neue Farbfassung. Hervorzuheben ist hier das hohe Engagement des Eigentümers. Zum einen erfolgten alle er-forderlichen Arbeiten als Eigenleistung. Zum anderen wurde ein Objekt instandgesetzt, das als Nutzbau keinen finanziellen Gewinn erwar-ten ließ. Die Maßnahme leistet einen wichti-gen Beitrag zum Erhalt des ganzen Mühlen-ensembles.

Judith Orschler

Die historische Substanz wurde ertüchtigt

Konstruktionsdetail

Die kath. Kirche St. Gregor
wurde aufwändig instandgesetzt

Thalmässing-Ohlangen, Nr. 37: kath. Filialkirche St. Gregor

Die Filialkirche St. Gregor in Ohlangen stammt im Kern aus dem 14. Jahrhundert. Von 1595 bis 1599 wurde ihr Langhaus erweitert und der Turm aufgestockt. Vermutlich führte im Mittelalter eine bedeutende Wallfahrt, die dem Rock des Hl. Gregor gewidmet war, hierher. Von diesem Kleidungsstück versprachen sich Kranke Heilung.

Innenansicht 2013

Den einschiffigen flachgedeckten Kirchenraum mit rechteckiger Apsis schließt ein kreuzrippengewölbter Chor. Über dem Chorbogenscheitel hängt eine Madonna Immaculata im Strahlenkranz. Der Hauptaltar zeigt den thronenden Gregor, die Seitenaltäre den Hl. Josef und eine weitere Madonna. Letztere besteht aus gebranntem Ton und wird ins 14. Jahrhundert datiert.

Starke Schäden an der Statik des Gebäudes veranlassten die Katholische Kirchenstiftung Ohlangen, das Kirchlein zu sanieren. Der Gewölbedruck führte zu Ausbauchungen des Mauerwerks; die Mauerrisse setzten sich bis in die Gewölbezone fort. Lastverschiebungen gefährdeten die Stabilität des Kreuzrippengewölbes. Feuchtigkeit in Wänden und Dachstuhl führten ebenfalls zu gravierenden Schäden. Bei der Maßnahme wurden die statischen Mängel behoben, die Konstruktionshölzer des Dachstuhls ertüchtigt sowie die durchnässten Mauern entfeuchtet. Darüber hinaus reinigte man das Fledermausquartier im Kirchturm.

Die Einwohner Ohlangens bewiesen überaus großes Engagement beim Erhalt ihrer Kirche, indem sie etwa erhebliche Spendensummen sammelten. Der Muttergottes aus dem 14. Jahrhundert nahm sich ein einzelner Spender an und finanzierte die komplette Restaurierung. Die großartige Eigeninitiative der Gemeindemitglieder, die sich fortwährend für den Erhalt ihrer Kirche einsetzen, ist hoch zu bewerten.

Arch.: C. Frosch, Pappenheim.

Judith Orschler

Der Innenraum erstrahlt nun wieder in neuem Glanz

Die berühmte Madonna aus Ton nach der Restaurierung

Das Mauerwerk wies zahlreiche Risse auf

Feuchteschäden stellten ein großes Problem dar

Landkreis Weißenburg-Gunzenhausen

Die repräsentative Nordfassade
nach Abschluss der Arbeiten

Nordfassade im Vorzustand

Ellingen, Karlshof 1:
ehem. Gutshaus

Der Karlshof in Ellingen ist benannt nach Carl Philipp Fürst von Wrede. Zwischen 1815 und 1838 ließ dieser das Anwesen zu einem landwirtschaftlichen Mustergut ausbauen. Heute sind von dem einstmals riesigen Gebäudekom-

plex noch das Gutshaus und ein Nebengebäude erhalten.

Das ehemalige Gutshaus, ein zweigeschossiger Walmdachbau im klassizistischen Stil, erhebt sich über annähernd quadratischem Grundriss. Über dem Sockel aus unverputzten Sandsteinbruchsteinen schließt sich eine schlicht gehaltene Fassade an, die durch zwei farblich abgesetzte Gesimse gegliedert ist. Ihr weißer Putz ist im Erdgeschoss mit einer feinen Rustika verziert.

Nach 18jährigem Leerstand war der Bau zwar insgesamt gut erhalten, an manchen Stellen in seiner Bausubstanz jedoch angegriffen: Das Kellergewölbe etwa war stark durchfeuchtet, der Putz der Außenwände nur noch fragmentarisch erhalten, im Dachstuhl gab es Feuchteschäden an einigen Balken.

Ein neuer Eigentümer hat das Anwesen nun für Wohn- und Arbeitszwecke instand gesetzt. Dabei hat er ca. 80 Prozent der erforderlichen Arbeiten selbst abgeleistet.

So hat er den Keller aufwändig entfeuchtet. Hier befindet sich jetzt die Galerie „Kunstprojekt Karlshof", die eine große Bereicherung für die Region darstellt. Der durch aufsteigende Kellerfeuchte marode gewordene Holzfußboden im Erdgeschoss wich einem Plattenbelag aus Solnhofer Kalkstein. Das Dach wurde gedeckt, so dass das Haus auch dadurch wieder in tadellosem Zustand erscheint. Die Fassade hat der Eigentümer in zahllosen Arbeitsstunden ergänzt und restauriert.

Überall im Haus spiegelt sich die große Liebe des Hausherrn zum Detail wider: Die alten Be-

Die gartenseitige Südfassade

Nach dem Abbau eines Ofens kam älteres Parkett zum Vorschein

Detail: ein hübscher Türbeschlag

Im sanierten Keller finden jetzt Kunstausstellungen statt

Der Keller vor der Sanierung

schläge an Fenstern und Türen erstrahlen in neuem Glanz, ein bauzeitliches Parkettstück, das unter einem Ofen „versteckt" war, ist sorgfältig aufgearbeitet, Putze und Wandfassungen sind nach Befund rekonstruiert. Jüngere Einbauten wurden zurückgebaut, alte Fußböden zum Zwecke der Heizungsverlegung vorsichtig herausgenommen und danach wieder eingebaut bzw. durch passende neue ersetzt. Diese Sanierungsmaßnahme verbindet sensibel Altes mit Neuem und zeichnet sich dadurch besonders aus. Ferner verdient das überaus hohe Maß an Eigenleistung des Bauherrn größten Respekt, zumal deshalb, weil alle handwerklichen Arbeiten auf höchstem denkmalpflegerischen Niveau durchgeführt worden sind.

Arch.: M. Bittner, Stopfenheim.

Judith Orschler

Im Badezimmer blieben alte Bauteile erhalten

Das Bad im Vorzustand

Blick in den Flur im Erdgeschoss

Der Flur im Vorzustand

Die Westseite im Sommer 2013

Gunzenhausen-Edersfeld, Nr. 83

Das bäuerliche Anwesen Edersfeld Nr. 83 bestand früher aus einem Wohnhaus, einer Scheune und einem Austragshaus. Lediglich letzteres, ein kleines, eingeschossiges Wohnstallhaus mit Satteldach, hat sich bis heute erhalten. Es ist ins frühe 19. Jahrhundert zu datieren. Seine Außenwände sind massiv aus Natursteinen aufgemauert, während die Innenwände in Fachwerkbauweise konstruiert sind. Das Haus stand lange leer, befand sich zuletzt in einem sehr maroden Zustand und war damit ein Abbruchkandidat. Doch mit 2500 Arbeits-

Die Nordseite

Vorzustandsbilder

Während der Sanierungsarbeiten

stunden, die die engagierten Eigentümer investierten, ist innerhalb von vier Jahren aus dem unbewohnbaren Häuschen ein schmuckes Kleinod geworden.

Heutigen Wohnansprüchen genügen die Platzverhältnisse in dem betagten Austragshäuschen freilich nicht mehr, so dass es nicht auf Dauer zu vermieten gewesen wäre. Bewusst haben sich die Eigentümer deswegen entschlossen, das kleine Haus als Ferienwohnung herzurichten.

Im Inneren sind Fachwerkwände und Holzdecken original erhalten. Der schlechte Zustand der übrigen Bausubstanz wie der der Böden, der Fenster und fast des kompletten Daches machte an vielen Stellen den Austausch der Materialien erforderlich. Passend zum Charakter des Häuschens bestehen die Böden jetzt aus Solnhofer Platten. Außerdem musste eine zeitgemäße Haustechnik eingebaut werden.

Von Nordwesten gesehen

In Anbetracht der überaus ungünstigen Ausgangslage vor Beginn der denkmalpflegerischen Baumaßnahmen kann die Sanierung des Kleinanwesens nur als bewundernswert beurteilt werden. Die jetzige Verwendung als Ferienwohnung stellt eine begrüßenswerte Neunutzung des historischen Baudenkmals dar.

Judith Orschler

Das Fachwerk im Inneren blieb erhalten

Der sanierte Bau von Nordosten gesehen

Das Gebäude im Vorzustand

Die repräsentative Eingangstüre wurde vorbildlich aufgearbeitet

Die Westfassade nach Abschluss der Arbeiten

Heidenheim, Pfarrgasse 1

Den Ortskern von Heidenheim prägen vor allem eingeschossige Fachwerkbauten. Umso mehr fällt daher das zweigeschossige, vollständig gemauerte ehemalige Amtsrichterhaus ins Auge. Dendrochronologische Befunde datieren das Haus in die Jahre 1732/33. Seit dem 19. Jahrhundert befindet sich das Gebäude in Familienbesitz. Bis 2005 war es vermietet. Vor kurzem erst sind die Besitzer wieder in das etwas heruntergekommene und modernisierungsbedürftige Gebäude eingezogen. In diesem Zusammenhang erfolgte die Sanierung, die sich über vier Jahre erstreckte.

Zunächst musste der Dachstuhl instandgesetzt werden, weil seine Stabilität an manchen Stellen gefährdet war. Beim Äußeren ist die handwerklich besonders gelungene Fassadengestaltung hervorzuheben. Der mit Ockerpigmenten gemischte Kalk-Fresko-Putz lässt das Haus nun in einem lebendigen, sonnengelben Farbton erstrahlen. Die relativ kleinen Fenster lockern die Fassade mit ihrer grauen Umrahmung ebenso auf wie die farblich abgesetzten Eckpilaster und die Sockelzone.

Im Inneren blieb sehr viel originale Ausstattung erhalten: Stein- und Holzfußböden, Türen, Stuckdecken stammen noch aus der Erbauungszeit. Die Türen verleihen dem Wohnbereich einen besonderen Reiz: Keine gleicht der anderen. Auch die bauzeitlichen Stuckdecken blieben unverändert, soweit es ihr Erhaltungszustand zuließ. Die übrigen Bereiche wurden gemäß denkmalpflegerischen Befunden erneuert. Dabei ergaben sich aparte Farbstellungen: Die glatten Deckenflächen sind weiß, die stuckierten Kartuschen rosé gefasst.

Eindrücke aus dem Inneren

Historischer Plattenbelag

Wo es der Erhaltungszustand erlaubte, hat man die alten Dielenböden aufgearbeitet. Wo dies nicht möglich war, wurden neue aus Fichtenholz eingebaut. Besonders aufwändig war die Temperierung der Kalkplattenböden: Der originale Belag aus Solnhofer Platten wurde sorgfältig ausgebaut und nach Installation der Leitungen wieder passgenau verlegt. Auch die Wohnräume werden nun über eine Wandtemperierung beheizt. Die Heizzentrale dafür und das Pelletslager fanden im ehemaligen Waschhaus ihren Platz.

Die außergewöhnlich substanzschonende und sorgfältige Vorgehensweise bei der Sanierungsmaßnahme ist aus denkmalpflegerischer Sicht besonders hervorzuheben.

Arch.: Feulner und Häffner, Ellingen.

Judith Orschler

Die historischen Dielenböden wurden fachgerecht aufgearbeitet

Sanierte Stuckdecke

Schadhafte Decke vor ihrer Instandsetzung

Das sanierte „Büchelehaus" von Süden gesehen

Vorzustand

Südwestseite im Vorzustand

Pappenheim, Klosterstraße 14

Der Gebäudekomplex „Alte Zinsmeisterei", nach einem früheren Besitzer auch „Büchelehaus" genannt, wurde gegen Ende des 17. Jahrhunderts wahrscheinlich über einem älteren Kern errichtet. Bis 1813 war hier der Amtssitz Pappenheimer Beamter. Heute befindet sich das Haus im Eigentum des Pappenheimer Kunst- und Kulturvereins, der es für eine Nutzung als Bürger- und Vereinshaus saniert und restauriert hat.

Das Hauptgebäude, ein zweigeschossiger Walmdachbau über L-förmigem Grundriss, steht unmittelbar an der Altmühl. Die nördlichen Mauern reichen direkt in den Fluss. Die Außenmauern bestehen aus zweischaligem Kalkbruchsteinmauerwerk, die Innenwände sind zum Teil in Fachwerk ausgeführt. Die Außenwände zeichnen sich durch einen Verputz mit Eckrustizierung und profiliertem Traufgesims aus.

Seit Mitte des 19. Jahrhunderts ist der nobel ausgestattete Bau kaum noch verändert worden. Im Inneren sind sämtliche baulichen Entwicklungsphasen von der Renaissance bis ins 19. Jahrhundert authentisch überliefert. Dielen, Steinfußböden und die Treppenanlage sind noch bauzeitlich, ebenso wie barocke

Fenster, Türen und Stuckdecken oder historische Wandfassungen, Schablonenmalerei und Tapeten. Es galt, diesen besonderen Zustand bei der Sanierung originalgetreu zu erhalten. Vorher aber waren tiefgreifende und kostspielige Maßnahmen an der Statik des Dachs sowie an den Fundamenten notwendig. Um die Mauern am Altmühlufer mit einem Stützkeil zu sichern, musste der Fluss extra abgesenkt werden. Den durchfeuchteten Außenputz haben die Vereinsmitglieder in Eigenleistung abgenommen.

Es schloss sich eine Restaurierung und Konservierung des Bestandes im Inneren an. Überaus sorgfältig arbeiteten ein Restaurator und die Mitglieder des Pappenheimer Kunst- und Kulturvereins die überlieferten Oberflächen auf. Sie entfernten z. B. neuere Anstriche von den historischen Fußböden, so dass jetzt die originalen rechteckig gefelderten Fichtenholz-

Für die Sanierung der Fundamente musste der Fluß gestaut werden

Die Ostseite im Sommer 2013

An der Nordseite stößt das Gebäude direkt an die Altmühl

füllungen in dunklen Eichenholzrahmen wieder voll zur Geltung kommen.

Die Restaurierungsarbeiten erfolgten äußerst Substanz schonend und genau im nötigen Maß, so dass das Gebäude immer noch einen authentischen Eindruck vermittelt. Der Verein hat sich der Mammutaufgabe mit außerordentlich hohem Engagement angenommen und mit überdurchschnittlicher Eigenleistung ein überregional vorbildhaftes Ergebnis erzielt.

Arch.: J. Radegast, Pappenheim. – Rest.: Th. John, Oettingen.

Judith Orschler

Im Flur sind jetzt historische Wandfassungen wieder sichtbar

Vom vielfach übermalten Deckenstuck wurde ein Probestück freigelegt

Ein repräsentativer Innenraum

Ein historisches Fenster im Flur wurde vorbildlich aufgearbeitet

Die ehemalige Remise direkt überm Fluß wird jetzt für Veranstaltungen genutzt

Stadt Erlangen

Der sanierte Eckbau von Nordosten im Sommer 2013

Vorzustand

Historische Aufnahme

Erlangen, Helmstraße 1

Die Altstadt von Erlangen gilt in Deutschland als hervorragendes Beispiel barocker Stadtbaukunst. Die streng rechtwinklig angelegten Straßenzüge sind mit geschlossenen Reihen gleichartiger, doch keinesfalls monotoner Bürgerhäuser bebaut. Als traufseitig situierte, zweigeschossige Putz- und Sandsteinquaderbauten mit zurückhaltender Fassadengestaltung prägen sie das Stadtbild bis heute. Besondere Bedeutung kommt dabei den meistens hervorgehobenen Eckhäusern zu, wie dem zweigeschossigen Bau in der Helmstraße 1 von 1699. Er liegt sehr prominent direkt gegenüber dem Palais Stutternheim und beherbergt jetzt Räume der Universität.

Für diese neue Nutzung wurde das Gebäude außen wie innen umfassend saniert. Besonderen Wert legte der Eigentümer auf die Sanierung der Sandsteinfassade, die an ihrem Zwerchgiebel reich verziert ist. Ihr Fassadenschmuck ist sehr gut überliefert.

Fassadendetail

Im Inneren ist noch Ausstattung aus den 1930er Jahren erhalten – hier z. B. der Eingangsbereich im Erdgeschoss

Die originalen Fenster wurden aufgearbeitet

Auch die historischen Fenster waren noch komplett erhalten. Sie sind sehr aufwändig gestaltet und besitzen meist vier bzw. sechs Flügel mit achtteiligen Scheiben. Ihre waagrechten Kämpferhölzer ziert ein kleinteiliger Zahnschnittdekor. Sämtliche Fenster konnten restauriert werden, lediglich bei fehlenden Fensterläden waren Ergänzungen nötig.

Die auffälligen Dachgauben entstammen einer späteren Erweiterung des Hauses. Unter größtmöglichem Substanzerhalt wurde ihre Blechverkleidung wieder hergestellt. Die grüne Patina der alten Gauben ist mit farblich genau angeglichenen Blechen nachgebildet.

Im Inneren erforderte der Erhaltungszustand des Dachstuhls und der Decke des Obergeschosses umfangreiche statische Sanierungsmaßnahmen. Trotz der unterschiedlichen Nutzungen des Hauses über die Jahrhunderte hinweg geht die Raumteilung noch zum Teil auf die 1930er Jahre zurück.

Im Obergeschoss hat sich in einigen Räumen noch einfacher Deckenstuck erhalten, der jetzt aufgearbeitet worden ist.

Durch die Sanierung hat der gesamte Bau enorm gewonnen. Insbesondere die Fassadensanierung sowie die Rekonstruktion der Gaubenverblechung verdienen große Anerkennung.

Arch.: Windisch, Uttenreuth. – Rest.: Holter, Altdorf.

Judith Orschler

Der reichverzierte Zwerchgiebel auf der Nordseite des Gebäudes

Die sanierten Dachgauben fallen jetzt besonders ins Auge

![Das Stadtarchiv von Nordosten, Sommer 2013]

Das Stadtarchiv von Nordosten, Sommer 2013

Erlangen, Luitpoldstraße 47: Stadtarchiv

Der einzige Industriebau unter den 2013 prämierten Objekten ist das historische Fabrikgebäude der Firma Reiniger, Gebbert und Schall (RGS). Das Unternehmen stellte feinmechanische, physikalische und elektromedizinische Apparate wie z. B. Röntgengeräte her. 1925 ging diese Firma im Vorläufer der heutigen Siemens Health Care auf. Nach der Stilllegung des Fabrikgebäudes verschenkte es der Siemens-Konzern im Jahr 2000 an die Stadt Erlangen. Von diesem Zeitpunkt an nutzten die Erlanger Stadtverwaltung und etliche Vereine Teile des weitläufigen Industriegebäudes.

Das mächtige Backsteingebäude wurde 1911 nach Plänen von Jakob Schmeißner aufgemauert. Lisenen aus Backstein und glatte, rot gefärbte Putzfelder gliedern die Fassade. An ihr fallen vor allem die zahlreichen großen Fenster auf, die den Gesamteindruck des Bauwerks bestimmen. Der sandsteinverkleidete Sockel greift mit hellen, leicht zurück springenden Putzflächen den Rhythmus der Fensterachsen des darüber aufgehenden Mauerwerks auf. Die straßenseitige Fassade gliedern neun Fensterachsen mit jeweils drei Sprossenfenstern. Ein Dreiecksgiebel, der drei der Achsen überfängt, betont die Fassadenmitte entlang der Luitpoldstraße.

Der Bau im Vorzustand

Im Lesesaal sind die bauzeitlichen Tragwerke noch gut erkennbar

Die Putzfelder der Obergeschosse, die jeweils einer Fensterachse entsprechen, sind in sich nochmals gegliedert: Mit konkav eingezogenen Teilflächen betonen sie genau die Breite der darüber angeordneten Fenster. Dadurch entstehen an den Berührungskanten feine senkrechte Grate. Dieses einfache Stilmittel verleiht der Fassade eine Rhythmisierung und lockert dadurch deren blockhafte Geschlossenheit auf.

Dank findiger Umbaumaßnahmen im Innern war es nun möglich, das Gebäude dauerhaft als Erlanger Stadtarchiv einzurichten. So wurde der ehemalige Industriebau einer gänzlich anderen, aber sehr sinnvollen Nutzung zugeführt. Im Bereich der Lesesäle sind die originalen Tragwerke sichtbar geblieben, und auch die bauzeitlichen Treppenhäuser sind so gut wie unangetastet belassen worden.

In denkmalpflegerischer Hinsicht jedoch lag das Hauptaugenmerk auf der Instandsetzung der kunstvollen Fassade. So erfolgte die Gebäudedämmung z. B. denkmalschonend von Innen. Außerdem ließ die Stadt Erlangen das Dach erneuern und nachträgliche Aufstockungen über dem dritten Obergeschoss abbrechen. Insbesondere die Instandsetzung der Fassade wertet den früheren Industriebau merklich auf. Dem Gepräge der Luitpoldstraße ist damit ein wichtiger Bestandteil erhalten geblieben.

Arch.: Stadt Erlangen. – Rest.: Monolith, Bamberg.

Judith Orschler

Südseite

Sanierte Nordfassade

Erlangen, Martin-Luther-Platz 3: Rückgebäude

Im Innenhof des repräsentativen Bürgerhauses am Martin-Luther-Platz 3 befinden sich eine Reihe von Nebengebäuden, die früher als Nutzräume dienten für eine Brauerei, deren Schankstätte sich im Vorderhaus befand. Bei dem parallel zum Haupthaus liegenden, zweigeschossigen Rückgebäude handelt es sich um den früheren Pferdestall der Brauerei, der dendrochronologisch auf die Jahre 1856/57 datiert ist. Über dem Stall im Erdgeschoss waren einfache Wohnräume eingerichtet. 1999 musste der ungenutzte Stallbereich wegen Einsturzgefahr notgesichert und umfassend abgestützt werden. In einer sehr umfangreichen Maßnahme wurde das gesamte Rückgebäude jetzt saniert und einer modernen Wohnnutzung zugeführt.

Das Rückgebäude wird jetzt wieder zum Wohnen genutzt

Im Vorderhaus des Gebäudekomplexes befand sich früher eine Brauerei

Blicke in die Wohnung im ersten Obergeschoss

Hierfür war eine aufwändige statische Ertüchtigung der desolaten Erdgeschossdecke unumgänglich. Die Decke wurde fast neu aufgebaut. Nach der statischen Sicherung stellte die Eigentümerin die historische Raumsituation im Pferdestall wieder her. Hier entstand eine helle, loftartige Wohnung. Die teilweise vermauerten

Rückgebäude im Vorzustand

Eingang zur Erdgeschosswohnung

Die Decke zum ersten Obergeschoss musste fast komplett neu
aufgebaut werden

In den Gewölben ist jetzt die Küche untergebracht

Erdgeschoss während der Sanierungsarbeiten

Im ehemaligen Pferdestall
entstand eine helle Wohnung

Im Dachgeschoss entstand
moderner Wohnraum

großen Eingangstore zum früheren Stall mit ihren segmentbogigen Abschlüssen wurden zu
großen Fenstern geöffnet, ebenso die Gewölberäume im Erdgeschoss, die nun u. a. als un-
konventionelle Kochnische dienen.

Die im Obergeschoss eingerichteten Wohnräume sind über eine erneuerte Außentreppe er-
reichbar. Das hell und freundlich ausgebaute
Dachgeschoss des Rückgebäudes dient jetzt
auch als Wohnraum und wird über das Vorderhaus erschlossen.

In allen drei Stockwerken ist die historische
Bausubstanz vorbildlich in die Innenraumge-
staltung integriert. So bereichern beispielsweise Gewölbe des ehemaligen Stalls im Erdgeschoss, die unverputzt belassenen Sand-
steinwände im Obergeschoss oder das sichtbar belassene Dachgebälk das neue Raumbild.
Auch die Fassade zum Innenhof vermittelt
nach ihrer Sanierung wieder den bauzeitlichen
Eindruck. Dazu tragen vor allem die aufgearbeiteten Sandsteinoberflächen sowie der Einbau zurückhaltender Fenster bei, die in Größe
und Position den ursprünglichen Fensteröffnungen entsprechen.

Sinnvolle Umnutzung und denkmalpflegerische Maßnahme haben sich im vorliegenden
Fall auf vorbildliche und niveauvolle Weise mit-
einander verbunden.

Arch.: Windisch, Uttenreuth.

Judith Orschler

Stadt Fürth

Fürth, Hornschuchpromenade 13

Die Hornschuchpromenade in Fürth bildet zusammen mit der parallel verlaufenden Königswarterstraße, dem dazwischen liegenden Grünstreifen – der ehemaligen Trasse der Ludwigseisenbahn –, und den anschließenden Nebenstraßen ein Ensemble aus der Gründerzeit, das heute unter Denkmalschutz steht. Zwischen 1883 und 1904 entstanden hier meist herrschaftliche Mietshäuser mit historistisch gestalteten Sandsteinfassaden. In seiner fast lückenlosen Geschlossenheit stellt das Areal eines der eindrucksvollsten Stadtquartiere Bayerns jener Epoche dar.

Das Gebäude nach Abschluss der Sanierungsarbeiten

Zuletzt stand das Gebäude mehrere Jahre lang leer

Der repräsentative Eingangsbereich 2013

Detail des aufwändig gestalteten Portals

Der historistische Satteldachbau in der Horn-schuchpromenade 13 entstand 1899/1900 im Auftrag des Fabrikbesitzers Wilhelm Schild-knecht nach Plänen von Fritz Walter. Sein Er-scheinungsbild prägen im Wesentlichen ein reich verziertes Portal, ein Mittelerker über drei Geschosse und ein hoher Staffelzwerch-giebel. Zur Innenhof hin öffnen sich die Woh-nungen zu Loggien, deren großflächige Fen-ster über Brüstungsbändern mit auffälligem Maßwerk angeordnet sind.

Das Gebäude stand einige Jahr leer. Zuvor hat-te es das Versandhaus Quelle als Verwaltungs-gebäude genutzt. Nach der jüngsten Sanie-rungsmaßnahme wird es wieder als Wohnhaus verwendet. Auf der Liste der Restaurierungsar-beiten standen u. a. die Neudeckung des Da-ches sowie die Reinigung und Instandsetzung der Fassade. Die meisten Fenster sind noch bauzeitlich erhalten, lediglich einzelne Fenster nach historischem Vorbild erneuert. Die Türen sind ebenfalls noch original. In den Wohnräu-men wurden die bestehenden Parkettböden, Türen und Stuckdecken restauriert. Viele De-

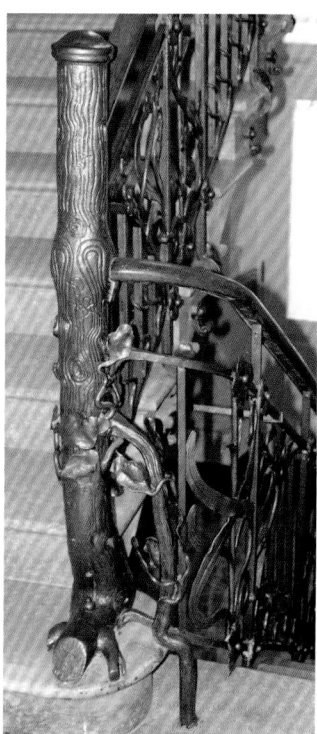
Treppengeländer – Detail

Die Rückseite mit modernen Balkons

Rückansicht 2013

Die historische Ausstattung wurde aufgearbeitet

tails kommen jetzt richtig zur Geltung. Das prächtige Treppenhaus zeigt sich wieder im alten Glanz, nachdem die marmorne Wandverkleidung restauriert wurde. Fehlstellen im ornamental verzierten Bodenbelag und die z. T. ausgetretenen Stufen sind ergänzt. Um die Wohnungen heutigen Ansprüchen anzupassen, entstanden auf der Hofseite des Gebäudes Balkone in Stahlbauweise.

Nach Abschluss der denkmalgerechten Sanierungsarbeiten zeigt sich das Haus als attraktiver Bestandteil innerhalb des Ensembles Hornschuchpromenade/Königswarterstraße und trägt maßgeblich zur optischen Aufwertung des Straßenzuges bei.

Arch.: P&P Gruppe (D. Weiland; H. Böhm), Fürth.

Judith Orschler

Detailansicht des historischen Fliesenbodens im Treppenhaus

Das Objekt nach der Sanierung

Vorzustand

Fürth, Marktplatz 11

Mit seiner zentralen und exponierten Lage ist das Gebäude am Marktplatz 11 von großer städtebaulicher Bedeutung. Die Fachwerkfassade des Hauses an der Ecke Marktplatz/Angerstraße präsentiert sich heute im Bauzustand des 18. Jahrhunderts. Im Kern dendrochronologisch auf 1661 datiert, ist das Haus im 18. Jahrhundert erheblich umgebaut und 1879 nochmals erweitert worden.

Der dreigeschossige Fachwerkbau über hohem Erdgeschoss aus Sandsteinmauerwerk war früher Apotheke und wird heute als Wohn- und Geschäftshaus genutzt. An der Marktfassade befinden sich ein Fachwerkerker sowie ein Spitzgiebel mit einem ehemaligen Lastenaufzug.

Das Haus befand sich längere Zeit in sehr schlechtem Zustand; stellenweise war es sogar einsturzgefährdet. Nach einem Besitzerwechsel konnte die mehrjährige Sanierungs-

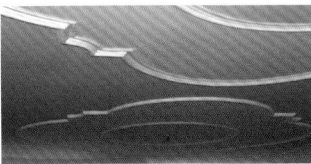

Historische Ausstattung nach der Sanierung 2013

Detailansicht – Erker

Vorzustand – die Holzkonstruktion war stark geschädigt

maßnahme beginnen. Dabei brachte der denkmalbegeisterte Eigentümer nicht nur große finanzielle Aufwendungen, sondern auch sehr viel Eigenleistung ein. Marode Holzkonstruktionen und bröckelnder Sandstein machten umfangreiche statische Sicherungsmaßnahmen zum Schwerpunkt der Sanierung. Stahlträger sichern jetzt das Gebäude, vor allem im massiv gemauerten Erdgeschoss. Wo es der Erhaltungszustand zuließ, bekamen schadhafte Hölzer im Fachwerk lediglich eine Verstärkung. Nicht mehr tragfähige Elemente wurden völlig ersetzt. Die Rückseite des Gebäudes musste fast vollständig neu hochgezogen werden. Hier sind jetzt Balkone angebaut.

Historische Baudetails wurden, wo immer es möglich war, erhalten und restauriert: Die Holztreppe zu den Wohnungen ist aufgearbeitet, die Bohlenbalkendecken und große Bereiche des Fachwerks blieben sichtbar. Die Stuckdecken in den Wohnräumen wurden sorgfältig ausgebessert und nach Befund neu gefasst. Neue denkmalgerechte Holzfenster ersetzen die alten, nicht denkmalgerechten Fenster aus den 1980er Jahren. Auch das Dach des Gebäudes ist neu gedeckt. Die freundlich wirkende Farbfassung der Fassade mit weißen Gefachen und gelben Konstruktionshölzern folgt einem Befund.

Der überaus hohe Einsatz des Eigentümers bewahrte ein Denkmal im Herzen der Stadt vor dem sicheren Verfall. Die Erhaltungsmaßnahme hat zu einer wesentlichen Aufwertung der Fürther Innenstadt beigetragen.

Arch.: Ludwig, Fürth. – Ing.: Sari, Fürth. – Rest.: Winklmann, Scheßlitz.

Judith Orschler

Die Rückfassade musste komplett ersetzt werden

Vorzustand der Gebäuderückseite

Im Erdgeschoss wurde ein modernes Ladengeschäft untergebracht

Zur statischen Sicherung mussten Stahlträger eingebracht werden

Die ehemalige Fischerei 2013

Dachansicht 2013

Vorzustand Dach

Um das Gebäude halten zu können, musste eine Gründungssanierung durchgeführt werden

Fürth, Untere Fischerstraße 6

Die Untere Fischerstraße folgt dem ursprünglichen Verlauf der Pegnitz. Das Haus Nr. 6 beherbergte, wie etliche der hier angesiedelten Handwerksbetriebe auch, eine Fischerei.

1908 errichtete Leo Gran jr. nach Plänen von Fritz Walter das dreigeschossige Gebäude mit – im Straßenverlauf – leicht abgeknickter Fassade. Eine reich stuckierte Portalumrahmung und hölzerne Abhängungen für Blumenkästen zieren das Jugendstilhaus. Eine Inschrift im Stuckdekor über der Durchfahrt zum Hof erinnert an die ehemalige Fischerei.

Bis 1961, als der Lauf der Pegnitz verändert wurde, stand das Haus direkt auf der Flussaue.

Doch der breiige Boden hätte es auf Dauer nicht getragen. Risse zeigten sich an den Mauern. Für die Besitzer war es eine Herausforderung, den Bau zu sanieren und als Familienerbe zu erhalten. Eine dringend notwendige, aufwändige Gründungssanierung schraubte die Investitionen der Eigentümer in unterwartete Höhe. In langwieriger Arbeit wurden Stützpfeiler bis zu sieben Meter tief in den Boden getrieben. Auf ihnen ruht seitdem die Gebäudelast.

Moderner Wohnraum mit erhaltenem Holzboden

Aufgearbeitete Tür 2013

Am Portal wird auf prachtvolle Art und Weise auf Baujahr und frühere Nutzung verwiesen

Erst danach konnte man die Sanierung des Hauses angehen. Das Dach erhielt eine neue Schieferdeckung. Die Fassade zur Fischerstraße ist nach Befund neu gefasst, die von Rissen durchzogene Hoffassade wurde instandgesetzt. Hier wurden Balkone angefügt, um heutigen Wohnansprüchen gerecht zu werden.

Nach historischem Vorbild sind die Fenster – jetzt größtenteils mit Isolierverglasung – rekonstruiert. In den Wohnungen sind die Dielenböden freigelegt und restauriert, alte Türen aufgearbeitet. Die Eichentreppe mit ihrem floralen Jugendstildekor erscheint wieder in ursprünglicher Schönheit.

Nach seiner Sanierung erstrahlt das Haus in erfrischend neuem Glanz. Das Straßenbild der Unteren Fischerstraße hat durch die Maßnahme enorm gewonnen. Die Initiative der Eigentümer, das Schmuckstück trotz der überaus aufwändigen Begleitumstände zu erhalten, ist hoch anzurechnen.

Arch.: Keim, Fürth.

Judith Orschler

Die historische Treppe blieb erhalten

Stadt Nürnberg

Nürnberg, Adlerstraße 16: Chörlein

Die schrankartigen Fassadenanbauten, die andernorts als Erker – in Nürnberg als Chörlein – bezeichnet werden, haben ihre Wurzeln in den Haus- und Burgkapellen, deren Chor gewöhnlich in Form eines Erkers an den Fassaden angebaut war.

Spätestens nach der Einführung der Reformation 1525 haben die Nürnberger aus weltlichen Beweggründen Chörlein errichten lassen. Der Ausblick längs der Straße, ohne ein Fenster öffnen zu müssen, dürfte hier wohl der vorrangigste Grund gewesen sein.

Dem Zweiten Weltkrieg sind an die 350 Chörlein zum Opfer gefallen, nur eine kleine Anzahl hat den Krieg überstanden. Eines von ihnen ist das Chörlein Adlerstraße 16, dessen Formensprache (leicht bauchiger Korpus, über Eck gestellte Pilaster, segmentbogiges Tonnendach) und Ornamentik (Rocaille im Bereich der Kapitelle und der Brüstung) für eine Erbauungszeit um 1750 sprechen. Das fehlende Unterteil ist hingegen bereits 1888 beim Umbau der Erdgeschossfassade verloren gegangen.

Das Gebäude selbst reicht im Kern bis in das 15. Jahrhundert zurück. Der ursprünglich zweigeschossige Sandsteinquaderbau wurde 1622 um zwei Stockwerke in Backstein mit einem

Das Chörlein in historischer Farbgebung, Sommer 2013

Fassade und Chörlein mit neuer Farbigkeit im Sommer 2013

Historische Aufnahme (Ausschnitt),
Juli 1942

giebelständigen Satteldach aufgestockt, was weitestgehend dem heutigen Erscheinungsbild entspricht.

Der von den Altstadtfreunden Nürnberg e. V. initiierten Instandsetzung des stark in Mitleidenschaft gezogenen Holzchörleins gingen ein Aufmaß und eine Befunduntersuchung voraus. Beides diente den Holz- bzw. Glasrestauratoren sowie einem Kunstflaschner als Grundlage für ihre Arbeit, die auf traditionellen Handwerkstechniken gründete. Vorderste Devise war aber die denkmal- und materialgerechte Wiederherstellung. Zwischenzeitlich wurde das Mauerwerk um das Chörlein instandgesetzt und die Fassade neu verputzt.

Wie nicht anders zu erwarten war, brachte die Befunduntersuchung mehrere Farbschichten im Nürnberger Rot (entspricht dem Nürnberger Sandstein) mit Quadermalereien auf der Fassade ans Tageslicht. Zum Erstaunen aller war auch das Chörlein im gleichen Farbton gestrichen. Es sollte als Teil der Fassade – sozusagen als Steinchörlein – auf den Betrachter wirken. Auf das Fugennetz hat man verzichtet, jedoch die tiefer liegenden Flächen blau und die Ornamentik ocker gefasst.

Nach Abschluss der Arbeiten wurden Chörlein und Fassade entsprechend dem Befund (ohne Quadermalerei) gestrichen. Ein mutiger Schritt, der aber wieder einmal belegt, dass das Erscheinungsbild der Reichsstadt farbenfroher gewesen ist als allgemein angenommen.

Arch.: Albert, Nürnberg. – Rest.: Lenk, Neunkirchen a. Br.; Wiech, Nürnberg.

Michael Taschner

Zustand vor der Sanierung, Januar 2011

Vorzustand 2011

Nürnberg, Allersberger Str. 114: Gustav-Adolf-Gedächtniskirche: Fassadensanierung

Die evangelisch-lutherische Gustav-Adolf-Gedächtniskirche in Nürnberg-Lichtenhof ist ein neuromanischer Backsteinbau. Er wurde zwischen 1927 und 1930 nach Plänen von German Bestelmeyer errichtet. Zwei Chorflankentürme am Westchor charakterisieren den wuchtigen Bau, der sich an der Architektur romanischer Basiliken orientiert. Er zeichnet sich durch sein aufwändig gestaltetes, zum Teil ornamental verziertes und lebendig wirkendes Mauerwerk aus.

Von den Zerstörungen des Zweiten Weltkrieges war die Gustav-Adolf-Gedächtniskirche stark betroffen. Die Erschütterungen durch Bomben sowie die Hitzeentwicklung der Brände schädigten das Ziegelmauerwerk substantiell. Die Klinkerfassade ist dem eigentlichen Mauerwerk nur vorgeblendet und mit ihm verzahnt. Seit dem Krieg hatte sich diese Verbindung zwischen Fassade und Mauer an vielen Stellen gelockert. Vorhandene Oberflächenschäden und zahlreiche offene Fugen ließen eine weitere Beeinträchtigung des Bauwerks durch Witterungseinflüsse erwarten und machten eine Sanierung sehr vordringlich.

Ab 2010 wurde die äußerst aufwändige Sanierung der Fassadenfugen in Angriff genommen. Dabei wurden auch schadhafte Klinkersteine an den Westtürmen und im Bereich des Chors ausgetauscht. Die gelockerte Verzahnung beider Mauerschalen wurde repariert. Kompliziert gestaltete sich die Suche nach geeigneten Baumaterialien. Schließlich fand sich eine Firma, die in der Lage war, Backsteine herzustel-

len, die den historischen Vorbildern entsprechen. Die eigens für die Gustav-Adolf-Kirche gebrannten Klinker sowie die Neuverfugung haben ein optisch dem ursprünglichen Bestand sehr nahe kommendes Resultat erzielt. Neben der Wiederinstandsetzung des Sichtmauerwerks waren die Erneuerung der Ziegeldächer sowie des Glockenstuhls Teil der Sanierungsmaßnahme. Die nach dem Weltkrieg in Stahl ausgeführte Glockenstuhlkonstruktion war durch Witterungseinflüsse und Glockenschwingungen stark beschädigt. So wurde ein neuer Stuhl aus Holz errichtet, wie auch schon beim Bau der Kirche. Die restaurierte Turmuhr, die jetzt zusammen mit den ebenfalls neu vergoldeten Zierelementen an der Eingangsfassade um die Wette leuchtet, rundet die Maßnahme ab.

Vorzustand

Auch das hochwertige Ziermauer-
werk im Innenhof wurde saniert

Angesichts der enormen Baumasse fordert diese denkmalpflegerische Maßnahme allen Respekt ab. Insbesondere hinsichtlich ihrer sorgfältigen Materialauswahl ist sie als vorbildlich zu bezeichnen.

Arch.: Evangelisches Kirchenbauamt Nürnberg.

Tanja Fischbach, Judith Orschler

Ostfassade

Vorzustand

Detail am Westchor

Vorzustand

Nürnberg, Archivstraße 3: Vestibül und Treppenhaus

Das viergeschossige Mietshaus entstand zwischen 1890 und 1900. Mit seiner Fassade aus Sandsteinquadern, dem markanten Erker und gotisierendem Dekor folgt es dem Stil des Historismus und ist damit typisch für Bauten in der Nürnberger Nordstadt aus jener Zeit.

Blicke ins sanierte Vestibül

Auch an der Straßenfassade wurden einige Arbeiten durchgeführt

Die prämierte Maßnahme umfasste neben der Aufarbeitung der Haustüre und des sandsteinernen Fassadensockels vor allem Treppenhaus und Vestibül. Dieser Eingangsbereich war ursprünglich mit üppigen Malereien ausgestattet, die im Laufe der Zeit beschädigt, übermalt und stellenweise durch Leitungsverlegungen sogar abhanden gekommen waren. Die Wandflächen am Treppenaufgang hatte man bei früheren Umbauten – stilistisch unpassend – mit einfachen Badezimmerkacheln gefliest.

Das restaurierte Deckengemälde

Vorzustand

Eingangsbereich im Vorzustand

Historischer Befund

Rekonstruierte Wanddekoration

Mit erheblichem Aufwand erfolgte jetzt die Restaurierung des gesamten Treppenhauses inklusive der hölzernen Treppenanlage und Wohnungseingangstüren, sowie die Rekonstruktion der fragmentarischen Deckenmalereien. Dekorfassungen an Wand- und Deckenflächen sowie erbauungszeitliche Farbfassungen wurden freigelegt, aufgearbeitet und nach Befund im restlichen Treppenhaus rekonstruiert. Die Ergänzung historischer Fassungen, Schablo-

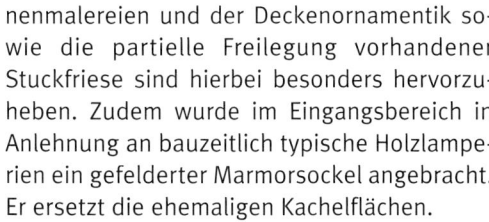

Deckengemälde (Ausschnitt)

An einer der beiden Längsseiten des Vestibüls war die Malerei noch erhalten. Sie wurde restauriert

nenmalereien und der Deckenornamentik sowie die partielle Freilegung vorhandener Stuckfriese sind hierbei besonders hervorzuheben. Zudem wurde im Eingangsbereich in Anlehnung an bauzeitlich typische Holzlamperien ein gefelderter Marmorsockel angebracht. Er ersetzt die ehemaligen Kachelflächen.

Die Holzteile von Treppenanlage, Hauseingangstüre, Wohnungseingangstüren wurden aufwändig überarbeitet. Dabei gestaltete sich die Herstellung und Farbfindung der Leinfarbe für die Treppengeländer besonders schwierig. Die Maßnahme gibt dem Mietshaus mit seiner reichen historistischen Ausstattung einen wesentlichen Teil seiner gründerzeitlichen Atmosphäre zurück. Die sehr behutsamen und aufwändigen Restaurierungen verdienen besondere Anerkennung, gerade angesichts der Tatsache, dass sie im Innenraum kaum öffentlichkeitswirksam sind.

Rest.: Simon, Nürnberg.

Judith Orschler

Nach Abschluss der Maßnahmen, von Süden

Vorzustand

Nürnberg, Aussiger Platz 6

Der Löffelholz'sche Herrensitz im Nürnberger Stadtteil Zerzabelshof war einst eine weitläufige Schlossanlage mit Wohnhaus, Stallungen, Verwaltungs- und Nutzgebäuden, die im Zweiten Weltkrieg fast völlig zerstört wurde. Teilweise erhalten blieb das ehemalige Voiten- oder Vogtshaus, das im Kern ein Scheunenbau aus der Zeit um 1600 ist. Ab 1736 war darin die Wohnung des Verwalters untergebracht.

1910 ließen die damaligen Eigentümer das Gebäude umgestalten. Dabei brach man die gartenseitige Haushälfte ab und baute den verbliebenen Rest zu einem Wohnhaus aus. Daher erklärt sich der heute ungewöhnlich erscheinende, sehr gedrungene Baukörper des Voitenhauses.

Das eingeschossige Haus mit Halbwalmdach und rötlichen Sandsteinquadermauern fällt unter der lockeren Bebauung am Aussiger Platz sofort ins Auge. Es hatte sich im Wesent-lichen im Bauzustand von 1910 erhalten, war jedoch stark renovierungsbedürftig. In unzähligen Stunden Eigenleistung hat der neue, fachkundige Eigentümer das Gebäude zusammen mit seiner Familie zwischen 2007 und 2012 wieder instandgesetzt und nutzt es seitdem selbst als Wohnung.

Feuchteschäden in den Fußböden, an den Außenwänden und im Dachstuhl waren zu beheben. Das Dach und alle Fenster mussten dringend saniert werden. Um das Raumklima zu stabilisieren und erneute Feuchtigkeitsschäden dauerhaft zu vermeiden, erhielten die Außenwände eine Innendämmung aus Schilfrohrplatten sowie eine Temperierung. Die Sandsteinfassade wurde gereinigt und sorgfältig neu verfugt.

Behutsam hat die Familie das kleinteilige Raumgefüge aus dem Jahr 1910 an zeitgemäße Wohnansprüche angepasst: Wenige Zwischenwände wurden entfernt, eine zugemauerte historische Tür wieder geöffnet, eine Fensteröffnung zur Tür erweitert, um einen Zugang zum Garten zu erhalten.

Alle Jugendstil-Türblätter wurden restauriert und wieder eingebaut, die alte Treppenanlage ist ertüchtigt, der Sandsteinboden blieb erhalten. In einem Teil des ehemaligen Stalls, der mit Böhmischen Kappen überwölbt ist, wurde sehr findig ein Sanitärraum untergebracht.

Nach Abschluss der Maßnahme präsentiert sich das schlichte, aber qualitätvoll restaurierte Gebäude als hochwertiges Einfamilienwohnhaus.

Arch.: Planungsoffensive, L. O. Blome, Nürnberg. – Rest.: C. Giersch, Fürth.

Nikolaus Bencker, Judith Orschler

Blicke in die Innenräume

Im Flur ist der originale Stein-
plattenbelag erhalten geblieben

Westseite nach Abschluss der Maßnahme

Nürnberg, Eschenauer Straße 30

Der zweigeschossige Walmdachbau stellt eine architektonische Seltenheit dar. Es handelt sich um ein Holzhaus in Fertigbauweise und wurde von der Firma Christoph & Unmack aus Niesky/Sachsen 1932 errichtet. Dieses Unternehmen gehörte bis zum Zweiten Weltkrieg zu den europaweit führenden Herstellern von Holzfertighäusern. Neben Bauten für das Militär boten Christoph & Unmack auch Konstruktionen für Schulen, Kindertagesstätten, Rathäuser und sogar Hotels an. Eine wichtige Sparte war der Einfamilienhausbau. In ganz Bayern sind nur zwei Gebäude dieser Firma bekannt. Beide stehen unter Denkmalschutz.

Das Nürnberger Holzhaus mit der auffälligen jalousieartigen Verschalung wurde für eine Arztfamilie errichtet. Heute beherbergt es eine Privatwohnung und Räume einer Naturheilpraxis. Grundrissgestaltung und Ausstattung waren der von Massivbauten ebenbürtig. Im Dachgeschoss war eine Kammer für das Dienstmädchen untergebracht. Die Wände der Wohnräume sind mit Holztäfelungen verkleidet, die Kassettendecken mit kräftig profilierten Leisten gegliedert, die an Stuckdekor erinnern.

Die Innenräume sind weitgehend bauzeitlich überliefert

Das Haus war renovierungsbedürftig und in die Jahre gekommen, aber weitgehend unbeschädigt erhalten geblieben. Sogar die Fußböden hatten noch ihre originale Lackierung. Dennoch wäre dieses baugeschichtliche Kleinod um ein Haar abgerissen worden. Das konnte jedoch durch die Aufnahme in die Denkmalliste verhindert werden.

Neue Eigentümer renovierten das Gebäude nun einfühlsam und denkmalgerecht. Dank der hochwertigen Hölzer, die beim Aufbau Verwendung fanden, waren an der charakteristischen Außenverkleidung kaum Sanierungsmaßnahmen nötig.

Im Inneren war die gesamte Haustechnik verbraucht und musste erneuert werden. Bei der Verlegung der neuen Leitungen bewährte sich die gut durchdachte Konzeption des Fertigteilbaus: In allen Wänden waren Leerrohre verlegt, die den Austausch der Installation sehr vereinfachten. In den Sanitärräumen und in der Küche mussten Wandverkleidungen und Küchenmöbel aus unbeschichteten asbesthaltigen Lignatplatten ausgetauscht werden. Die Fronten der Küchenmöbel konnte man einlagern und damit erhalten. Alle übrigen Einbaumöbel sind nach der Restaurierung noch in situ vorhanden. Bemerkenswert sind die Fenster an der Loggia. Sie entsprechen dem in Deutschland sehr selten anzutreffenden Typus des Vertikalschiebefensters.

Der Initiative der Eigentümer und ihrem denkmalgerechten Umgang mit dem Gebäude ist es zu verdanken, dass sich in Nürnberg eine bautechnische Besonderheit von überregionaler Bedeutung erhalten hat.

Rest.: N. Lenk, Neunkirchen a. Br.

Nikolaus Bencker, Judith Orschler

Der sanierte Bau von Südosten gesehen

Vorzustand

Nürnberg,
Großreuther Straße 87

Als letztes Gebäude einer ehemaligen Hofanlage hat sich in der Großreuther Straße 87 das eingeschossige Wohnstallhaus erhalten. Es wurde 1660 in Fachwerkbauweise mit Lehmausfachungen errichtet. Im 19. Jahrhundert hat man die Gefache der Innenwände „versteinert" und die Fassaden vollständig aus Sandsteinquadern errichtet.

Der an der Nordseite des Hauses angebaute Pferdestall mit Kreuzgratgewölben stammt aus der zweiten Hälfte des 19. Jahrhunderts. An seinem Dach hat sich die Gaube für den früheren Lastenaufzug erhalten.

Südfassade

Von Nordosten

Der Eigentümer hat beide Gebäude von 2006 bis 2012 mit sehr viel Eigenleistung saniert. Vor allem die Instandsetzung der Tragwerke von Wohnhaus und Pferdestall war dringend notwendig. Dabei musste der rückwärtige Teil des Pferdestalls wegen seines schlechten Erhaltungszustandes teilweise neu aufgemauert werden. Später hinzugekommene Einbauten wurden rückgebaut, die sprossenlosen Fenster aus der Nachkriegszeit durch unterteilte Fenster ersetzt.

Die Sandsteinfassaden hat man nach Entfernen der stilistisch unpassenden Fenstergitter schonend gereinigt und schadhafte Fugen ausgebessert. Es folgte die komplette Erneuerung der haustechnischen Anlagen im Hinblick auf die Einrichtung zeitgemäßer Büro- und Wohnräume. Der frühere Pferdestall, der jetzt zur Wohnung wurde, erhielt zur besseren Belichtung neue Öffnungen in den Außenwänden.

Im Außenbereich wich der unpassende Jägerzaun einem ortstypischen Staketenzaun mit Sandsteinpfeilern. Der Hof vor den beiden Ge-

Vorzustand

Fassadendetails

Im Wohnhaus wurde eine Fachwerkwand saniert

Vorzustand

Blick in den ehemaligen Pferdestall

bäuden erhielt seinen historischen Charakter durch eine Quarzitpflasterung zurück, die die bisherige Asphaltdecke ersetzt.

Das Anwesen Großreuther Straße 87 enthält nun ein Büro und zwei freundliche Wohnungen, deren historisches Flair besonders durch die aufgearbeiteten Bohlenbalkendecken und Gewölbe zum Tragen kommt.

Arch.: Schier, Nürnberg. – Rest.: Wiech, Nürnberg.

Nikolaus Bencker, Judith Orschler

Ehemaliger Pferdestall im Vorzustand

Nürnberg-Kraftshof, Kraftshofer Hauptstraße 170, St. Georg: Einfriedung

Zugang zu St. Georg, von außen gesehen, Sommer 2013

Das Ortsbild des 1260 erstmals erwähnten, im Nürnberger Norden gelegenen Dorfes Kraftshof wird maßgeblich durch die Kirche St. Georg und deren zur Befestigung dienlich gemachten Kirchhof geprägt. Anstelle des heutigen Gotteshauses befand sich bereits im 14. Jahrhundert ein hochmittelalterlicher Kirchenbau, der unter dem Patronat der Herren Kreß von Kressenstein stand. Nach Kriegszerstörung wurde im 17. Jahrhundert ein Neubau errichtet, der bis in unsere Zeit überdauert hat. Der trutzig wirkende, umgebende Mauerring entstand von 1505 bis 1512. Die gesamte Anlage, die man aufgrund ihres festungsartigen Erscheinungsbildes als Kirchenburg bezeichnen kann, gehört heute zu den am besten erhaltenen ihrer Art in ganz Europa.

Einst wohl zum Schutz der Kirche angelegt, war es nun die Mauer selbst, die geschützt und vor weiterem Verfall bewahrt werden musste. Wegen Durchfeuchtungen, Versalzungen, früheren Fehlreparaturen und diversen Holzschäden waren das statische System und das Gefüge der Mauerverbände stark geschädigt und mussten durch umfangreiche Sicherungs- und Restaurierungsarbeiten wieder hergestellt werden. Von 2004 bis 2012 wurde in vier Bauabschnitten eine Generalsanierung durchgeführt. Diese umfasste die gesamte Sandsteinmauer mit den dazugehörigen Spitzdachecktürmen, sowie den teils noch bauzeitlichen hölzernen Wehrgängen.

Besonders aufwändig gestaltete sich die Sanierung des südöstlichen Eckturms, in dem

Sanierter Mauerturm

sich die Grablege der Kreß von Kressenstein befindet. Neben der Ertüchtigung des stark geschädigten Dachtragwerks restaurierte man auch die mittelalterlichen Glasfenster sowie Wappenscheiben des 16. und 17. Jahrhunderts, um sie langfristig zu sichern.

Insgesamt ging man bei der Sanierung vorbildlich mit den historischen Materialien um. So wurden, wenn möglich, alte Ziegel sorgfältig entfernt und nach der Sanierung der Dachstuhlkonstruktion in bestimmten Bereichen wieder eingesetzt. Neue Ziegel passen sich in Form und Farbe an die Altdeckung an.

Die Ummauerung nach Abschluss der Maßnahme im Sommer 2013

Eingangsgebäude nach Abschluss der Maßnahme

Durch die Sanierungsmaßnahme konnte eine historisch wertvolle und in ihrer baugeschichtlichen Bedeutung weit über die Region hinausreichende Anlage auch für die nachfolgenden Generationen erhalten werden.

Arch.: Kallas, Fürth.

Tanja Fischbach, Andrea May

Die Straßenseite nach Abschluss der Arbeiten

Vorzustand 2009

Der sanierte Westgiebel

Nürnberg, Längenstraße 4

Das ehemalige Wohnstallhaus gehörte früher zum Herrensitz Schoppershof. Der eingeschossige Sandsteinbau aus dem Jahr 1699 war ursprünglich komplett in Fachwerkbauweise errichtet. 1754 erfolgte die „Versteinerung" seines Nordwestgiebels. Am Fußpunkt beider Dachschrägen finden sich seitdem die für die Nürnberger Gegend typischen großen Voluten als Bauschmuck.

Der attraktive Ostgiebel war lange unter Zement verborgen

Blicke in den geräumigen Eingangsbereich

Im ehemaligen Stall befindet sich Wohnküche

Das Anwesen stand jahrelang leer und war völlig heruntergekommen, bevor es die jetzigen Eigentümer zu einem zeitgemäßen und komfortablen Wohnhaus umbauten. Die notwendigen Sanierungsmaßnahmen waren äußerst umfangreich. Sie umfassten neben der Stabilisierung der Holzkonstruktionen, der Neueindeckung des Daches sowie der Freilegung des unter Zementputz verborgenen barocken Fachwerkgiebels auch die Aufarbeitung sämtlicher Oberflächen und die komplette Erneuerung der Haustechnik. Bei letzterer achteten die Eigentümer sowohl auf denkmalverträgliche Lösungen, wie z. B. Funkschalter, als auch auf energetische Belange.

Im Inneren des Hauses ergibt die Symbiose aus bewusst unangetastet belassener historischer Bausubstanz und zurückhaltenden modernen Einbauten ein überaus interessantes Interieur. Im Flur etwa treffen minimialistisch gestaltete Stahltreppen und -galerien mit schlichten Glasgeländern auf schonend gerei-

nigtes Fachwerk. In der Stube harmonieren die Bohlenbalkendecke, die noch den Grundriss des früher an dieser Stelle eingebauten „Kabinettlas" zeigt, sowie die als „Fenster in die Vergangenheit" ausgebildeten Wandschablonierungen perfekt mit modernen Einrichtungselementen. Und im ehemaligen Stallbereich, der jetzt als großzügige Wohnküche genutzt wird, sorgt ein bewusst modernes Fensterelement an der Gebäuderückseite, das den Gesamteindruck des Gebäudes jedoch nicht beeinträchtigt, für gute Belichtung.

Der Zugang zum Keller öffnet sich mit einem Gewicht

Die moderne Einbauten harmonieren gut mit der historischen Bausubstanz

Die Maßnahme ist ein hervorragendes Beispiel dafür, dass mit Einsatz und Begeisterung auch gemeinhin für unrettbar gehaltene Bausubstanz wieder zu individuellem und charaktervollem Wohnraum werden kann.

Arch.: Brunner und Schinner, Feucht. – Rest.: Wilcke, Heideck.

Nikolaus Bencker, Judith Orschler

Gartenseite mit moderner Verglasung

Die repräsentative Villa im Sommer 2013

Gartenseite im Vorzustand

Aufwändige Deckengestaltung im ersten Obergeschoss

Die südliche Gartenseite mit saniertem Metallerker, Sommer 2013

Nürnberg, Seumestraße 18

1907 ließ sich ein Nürnberger Bankier die repräsentative Villa am Dutzendteich errichten. Sie stellt ein Musterbeispiel großbürgerlichen Bauens in der Frankenmetropole um 1900 dar. Der zweigeschossige Walmdachbau mit Terrasse stammt von dem Architekten Hans Pylipp und ist stilistisch an barocke Architektur angelehnt.

Das Innere des Gebäudes ist äußerst nobel ausgestattet: Eine große Halle, hölzerne Wandvertäfelungen und Terrazzoböden verleihen dem Haus ein schlossartiges Ambiente.

Im Erdgeschoss befanden sich die Repräsentationsräume der Bankiersfamilie, u. a. eine große Halle. Daneben liegt ein Gartenzimmer mit einem noch im Original erhaltenen Erker in genieteter Eisen-Glas-Konstruktion. In den Obergeschossen waren Wohnräume untergebracht. Während der vergangenen Jahrzehnte erfuhr das Gebäude immer wieder Veränderungen, die den bauzeitlichen Charakter mehr und mehr zurücktreten ließen. Zuletzt hat es ein neuer Eigentümer erworben, um es als Mehrgenerationenhaus zu nutzen. Bei dieser Umbau- und Sanierungsmaßnahme wurde pro Stockwerk eine abgeschlossene Wohneinheit eingerichtet, aber dennoch lässt sich der bauzeitliche Grundriss noch sehr gut nachvollziehen.

Der Eigentümer bewies bei der Sanierung sein großes Gespür für denkmalpflegerische Belange und Details. Historische Türbeschläge oder Schnitzdetails an Holzbauteilen etwa ließ er sorgsam aufarbeiten. Viele Bauteile sind nach der Restaurierung wieder in ihrem originalen Zustand sichtbar wie z. B. die reichdekorierten Haustüren, freigelegte Wandvertäfelungen, Stuckdetails der Deckengestaltungen oder historische Heizkörperverkleidungen. Da sich die Bodenbeläge im Obergeschoss noch in gutem Zustand befanden, war die schonende Überarbeitung des originalen Fischgratparketts möglich.

Die umsichtige und einfühlsame Vorgehensweise bei der Sanierung des Anwesens verdient besondere Würdigung. Der Initiative des Eigentümers ist es zu verdanken, dass dieses Schmuckstück großbürgerlicher Architektur jetzt in wiedererweckter Pracht erhalten bleibt.

Arch.: Herbst, Nürnberg.

Tanja Fischbach, Judith Orschler

Detail: historische Türklinke

Blick in die sanierte Halle

Flur im Obergeschoss

Das Gebäude zeichnet sich durch kunstvolle Heizkörperkleidungen aus

Halle im Vorzustand

Die Fenster des Hauses sind noch original

Eine repräsentative Decke im Erdgeschoss

Das Gebäude nach der Fassaden- und Dachsanierung 2013

Stadt Schwabach

Schwabach, Neutorstraße 1

Eine aufwändige Maßnahme war die Sanierung des mächtigen Fachwerkbaus Neutorstraße 1 in Schwabach. Das spätmittelalterliche Haus von 1464 war ursprünglich eine Brauerei mit Dörrhaus, Malzhaus und Schnapsbrennerei.

Im Lauf der Jahrhunderte erfuhr das stattliche Gebäude mehrere Umbauten, so z. B. in der Barockzeit und 1846. Damals erhielt es eine klassizistische Fassade. 1938 legte man sein rein konstruktives und daher nie auf Sicht geplantes Fachwerk frei.

1910 wurde dem Brauereibau ein Saal angefügt. Hier eröffnete 1913 eröffnete das Luna-Theater, ein außergewöhnliches Kino mit dem Flair vergangener Tage. Es ist heute das älteste Kino Bayerns und eines der ältesten Deutschlands. Bereits vor einigen Jahren wurde es renoviert. Jetzt stand die Sanierung von Dach und Fassade an.

Allein schon die Dimension des spätmittelalterlichen Daches ist respekteinflößend. Der stehende Dachstuhl erstreckt sich über vier Ebenen und über fünf Zonen. Erst als das Dach abgedeckt war, kamen die Schäden an der Holzkonstruktion in vollem Umfang zum Vorschein. Massiv beschädigt war vor allem die Westseite, die wenigen intakten Stellen waren wohl einer Sanierung von 1900 zu verdanken. In Längsrichtung war das gesamte Tragwerk von Anfang an nur unzureichend ausgesteift. Die Zimmerer ertüchtigten alle Sparrenfußpunkte mit sogenannten Stahlschwertern. Hölzer wurden nur dort ausgetauscht, wo sie nicht

Vorzustand

Fassadenausschnitt 2013

Neue Dachdeckung 2013

Vorzustand

Die Sanierung machte einen Erhalt des historischen Dachstuhls möglich

Das Gebäude beherbergt das „älteste Kino Bayerns"

Die gesamte Dachkonstruktion musste statisch ertüchtigt werden

mehr zu retten waren – erst nach zweimaliger Überprüfung durch den Statiker. Die Lehmfelder zwischen den Sparren, die auf den barokken Ausbau zurückzuführen sind, wurden selbstverständlich bewahrt.

Sämtliche Arbeiten zur statischen Sicherung erforderten ein behutsames Vorgehen, um den wertvollen historischen Bestand – wie beispielsweise eine Bohlenbalkendecke – zu erhalten. Auf dieser fanden sich sogar noch Reste einer barocken Papiertapete!

Die Fachwerkkonstruktion der Fassade wurde ebenfalls instandgesetzt. Hier erfolgte ein neuer Putzauftrag. Die Farbgebung der Konstruktionshölzer entspricht einem Befund.

Das Gebäude wird nun auch wieder optisch seinem ursprünglichen Stellenwert als einem der prägendsten Baudenkmale von Schwabach mit herausragender stadtgeschichtlicher und städtebaulichen Bedeutung gerecht.

Ing.: Rester, Schwabach. – Rest.: Studtrucker, Nürnberg.

Judith Orschler

Hölzer wurden, wenn nötig, ausgetauscht oder verstärkt

Schwabach, Pinzenberg 1

Das 1879 nach einem Brand wieder errichtete Gebäude liegt im denkmalgeschützten Ensemble Pinzenberg in Schwabachs nördlicher Altstadt.

Fehlstellen im Putz, vor allem im Sockelbereich, Schäden am Dach sowie stilistisch unpassende und uneinheitliche Fenster, teilweise mit Einflächenscheiben, machten eine Sanierung erforderlich.

Nach Abschluss der Maßnahme gibt die Fassade, neu verputzt und in einem einheitlich blauen Farbton gestrichen, dem Haus wieder seinen ursprünglichen Charakter zurück. Kaum merklich zeichnen sich ihre Gliederungselemente am Sockel, den Ecken und an den Dachschrägen in Form breiter, leicht hervortretender Putzbänder ab. Sie verleihen dem Haus seine geschlossene Erscheinung.

Der Straßenzug wird nach Abschluss der Maßnahme maßgeblich aufgewertet

Vorzustand

Fassadenausschnitt 2013

Im Zuge der Instandsetzung ließen die Eigentümer auch das Dach neu decken und neue denkmalgerechte Fenster einbauen. Diese zweiflügeligen Fenster mit Oberlicht werten die Fassade zusätzlich auf.

Die original erhaltene hölzerne Haustüre mit ihren Füllungen und dem geschnitzten Fries unter dem Oberlicht ist behutsam aufgearbeitet, dabei aber nicht übertrieben „aufgehübscht" worden: Die Fehlstelle am geschnitzten Kapitell der Schlagleiste blieb ohne Ergänzung bestehen und erzählt somit von einer früheren Beschädigung.

Die Eigentümer nutzen das Haus nicht selbst. Trotzdem haben sie keinen Aufwand gescheut, das Gebäude denkmalgerecht zu sanieren. Die Maßnahme trägt wesentlich zur Aufwertung des Straßenzuges bei und bereichert vorbildhaft das denkmalgeschützte Ensemble am Pinzenberg.

Judith Orschler

Im Zuge der Sanierung wurden denkmalgerechte Fenster eingebaut

Haustürdetail

Die historische Haustüre wurde aufgearbeitet

Einer der Keller wurde bis in die
1970er Jahre genutzt

Gepflasterte Wege wurden
materialgerecht ergänzt

Die noch vorhandene Ausstattung
wurde in situ belassen

Unter dem Pinzenberg erstreckt sich ein weit verzweigtes Kellersystem

Schwabach, Keller Nr. 15 und 17 unter den Gebäuden Pinzenberg 13, 15, 17 und 20

Seit dem Mittelalter hat man in den felsigen Sandsteinuntergrund Schwabachs ein weitverzweigtes System mehrgeschossiger Keller gegraben, insbesondere am Pinzenberg am nördlichen Rand der Altstadt. Diese Keller waren eine der wichtigsten Einrichtungen für die örtlichen Bierbrauer. Hier reifte das Bier und lagerte in großen Mengen auch für den Export.

In der Mitte des 18. Jahrhunderts besaßen die meisten Brauhäuser Schwabachs ihren eigenen Keller und noch heute ist der größte Teil in Privatbesitz. Die Eigentumsverhältnisse sind sehr verworren; oft sind die Eigentümer der Wohnhäuser nicht identisch mit denen der darunterliegenden Keller. Da die Decken der Kellergeschosse mitunter nicht stark genug sind, um den Belastungen durch die Gebäude und den Straßenverkehr standzuhalten, kommt es immer wieder zu Senkungen oder sogar zu Einstürzen. Aus diesem Grund mussten in der Vergangenheit wiederholt Teile der Kelleranlagen verfüllt werden.

Weil die Kommune diese stadtgeschichtlich bedeutsamen Kelleranlagen der Öffentlichkeit zugänglich machen möchte, wurden zuletzt zwei davon – Nr. 15 und 17 – am Pinzenberg statisch gesichert und für jedermann geöffnet. Keller 15 befindet sich unter dem Gebäude Pinzenberg 20, einer ehemaligen Gaststätte und wurde bis in die 1970er Jahre genutzt. In diesem weitgehend verputzen Kellersystem hat sich relativ viel Ausstattung für die Bierlagerung und den Gastwirtschaftsbetrieb erhalten. Der im Gegensatz dazu steinsichtige und daher ursprünglicher wirkende Keller Nr. 17 erstreckt sich unter den Häusern am Pinzenberg 13, 15 und 17.

Alle Räume waren voller Schutt und Müll und Zementschlämme. Entsprechend groß war der Aufwand, den Unrat containerweise über ein Förderband zu entsorgen, um überhaupt mit der Sanierung beginnen zu können. Die Sicherung der Felsgewölbe erfolgte durch Bogenunterzüge und Stützen aus Klinkersteinen. Für die statische Sicherung holte man sich Anregungen aus dem Bergbau. So hat man stellenweise Stahlkonstruktionen eingebaut oder die Wände vernadelt. Die ausgetretenen, historische Steinstufen umkleidete man mit Gitterblechen. Beide Keller sind nun denkmalgerecht saniert und öffentlich zugänglich. Schwabach ist damit um eine Attraktion reicher.

Ing.: Rester, Schwabach.

Judith Orschler

Die Keller waren vor der Maßnahme völlig zugemüllt

Mit einem Förderband musste der Müll zunächst entsorgt werden

Nun sind die Keller gesichert und für die Öffentlichkeit zugänglich

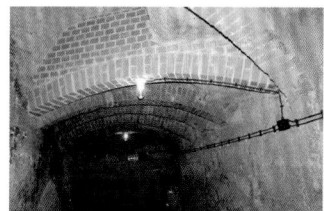

Die Keller mussten statisch gesichert werden

Schwabach, Rathausgasse 7

Das Gebäude prägt den Eingang zur Schwabacher Altstadt

Gelangt man aus südlicher Richtung in die Altstadt von Schwabach, fällt rechter Hand ein ziegelrotes Eckhaus ins Auge. Ursprünglich im Jahr 1861 als Scheune errichtet, baute es ein Metzgermeister 1930 zum Wohn- und Geschäftshaus um.

Die Lage des Gebäudes spiegelt sich in seiner Architektur wider. Am Kreuzungspunkt der Straßen ist es abgeschrägt. Dort befindet sich im Erdgeschoss die Eingangstür zum Geschäft, während im Obergeschoss darüber ein polygonaler Erker platziert ist, der die prominente Ecklage unterstreicht. Zwischen Erdgeschoss und erstem Stock sowie unterhalb der Wohnungsfenster gliedern schmale Gesimse die sonst schlicht gestaltete Fassade.

Schäden am Putz und denkmalgerechte Fenster aus den 1960er Jahren machten die Sanierung dieses Blickfangs wünschenswert. Das Dach erhielt eine neue Deckung. In diesem Zusammenhang wurden auch die Schornsteine neu aufgebaut. Ein roter Putz lässt die Fassade jetzt regelrecht aufleuchten und bringt u. a. die beiden Treppengiebel wieder voll zur Geltung. Die unpassenden Fenster sind durch originalgetreue Fenster ersetzt worden. Die sieben Schaufenster der Geschäftsräume haben drei- bzw. vierfach unterteilte Oberlichter, die Wohnungsfenster sind zweiflügelig mit Oberlicht. Für die Dachgauben kamen ebenfalls nur Sprossenfenster in Frage. Auch die erneuerten Haustüren sind in Anlehnung an den bauhistorischen Befund gestaltet.

Liebevoll hat sich der Eigentümer einem scheinbar nebensächlichen Detail gewidmet und den alten Fahnenhalter am Erker von seinen Farbschichten befreit und konserviert. Der

Im Zuge der Sanierung wurden denkmalgerechte Fenster eingebaut und die Fassade neu gefasst

Vorzustand

neue Werbeschriftzug fügt sich denkmalgerecht in die Fassade ein.

Durch seine Lage direkt am südlichen Eingang zur Schwabacher Altstadt ist das Haus prägend für das Erscheinungsbild der Stadt. Dies verleiht der vorbildlichen Sanierungsmaßnahme umso schwereres Gewicht.

Arch.: H. Rester, Schwabach/Nürnberg.

Judith Orschler

Dachsituation 2013

Zustand 2013

Schwabach, Südliche Ringstraße 38

Folgt man der Schwabacher Rathausgasse ein Stück weit stadtauswärts, stößt man kurz hinter der ehemaligen Stadtmauer auf die Südliche Ringstraße. Sie entstand ab 1890 mit der

Absicht, das Umland der stark wachsenden Kommune planmäßig zu erschließen. Nach dem Vorbild zeitgenössischer Ringstraßen in Großstädten erhielt auch der neue Schwabacher Verkehrsweg in den Folgejahren eine repräsentative Bebauung. Diese prägt hier das Stadtbild bis heute: Locker und großzügig

Vorzustand

Rückfassade vor der Sanierung

... und im Jahr 2013

Denkmalgerechte Fenster tragen zu einer Aufwertung des Gebäudes bei

Dachflächenfenster wurden durch eine Gaube ersetzt

längs der Straße platzierte Gründerzeitvillen, teils mit zugehörigen Fabrikgebäuden, Wohnhäuser, Schulen, große Gärten und ein Park – das ganze Umfeld entlang des breiten Straßenzugs entstand als neues Zentrum bewusst neben der mittelalterlich geprägten Altstadt.

Die Südliche Ringstraße steht heute als Ensemble unter Denkmalschutz. Haus Nr. 38 ist eines der kleineren Gebäude innerhalb der Bebauung. Um 1900 entstanden, diente es der evangelischen Kirche bis vor kurzem als Verwaltungsgebäude, zeitweise auch als Altenheim. Den Schwabachern ist es daher noch als „Haus der Diakonie" bekannt.

Ein neuer Eigentümer baute das Gebäude jetzt zu einem Einfamilienhaus um. Die Schwerpunkte der denkmalpflegerischen Maßnahme lagen auf der Dach- und Fassadensanierung. Beispielsweise ließ sich durch den Rückbau einiger Dachflächenfenster der bauzeitliche Zustand optisch wiederherstellen. Neue, nach historischem Vorbild angefertigte zweiflügelige Fenster mit Oberlicht ersetzen die bisherigen Zweiflächenfenster.

Das Haus erhielt eine neue Putzfassade in Weiß mit dezenten gliedernden Elementen in einem blassgelben Farbton: Farbig gefasst sind die Sockelzone, Fensterbänke und -gewände sowie die Gewände der Eingangstüren. Die ebenfalls gefassten Ecklisenen rahmen quasi zusammen mit der Sockelzone die Fassade mit einem breiten gelben Band.

Der jetzige Eigentümer ist sehr an der historischen Bausubstanz seines Hauses interessiert.

So verwundert es nicht, ist, dass er auch im Inneren bemüht war, die Raumstruktur (soweit sie sich nach der Seniorenheim- und Büronutzung überhaupt noch ausmachen ließ!) zu erhalten. Die alte Treppe ins Obergeschoss ließ er beispielsweise vorbildlich aufarbeiten. Das Engagement beim Erhalt dieses Objekts lag weit jenseits des geforderten Maßes und ist daher besonders zu würdigen.

Arch.: Raum 7 Architekten, Nürnberg.

Judith Orschler

Literaturverzeichnis

Bayern Viewer Denkmal (Denkmalliste) http://geodaten.bayern.de/tomcat/viewer-Servlets/extCallDenkmal? [abgerufen im Oktober/November 2013]

Bedal, Konrad/May, Herbert (Hgg.): Unter Dach und Fach. Häuserbauen in Franken vom 14. bis ins 20. Jahrhundert. Bad Windsheim 2002.

Berger, Christine: Wohlfühlatmosphäre mit einem Hauch Geschichte. In: Windsheimer Zeitung v. 03.01.2013.

Enderle, Karl-Heinz: Das Chörlein Adlerstraße 16. In: Nürnberger Altstadtfreunde e. V. (Hg.): Nürnberger Altstadtberichte 38 (2013), S. 28–32.

Fehring, Günther P.: Stadt und Landkreis Ansbach (= Bayerische Kunstdenkmale 2). München 1958.

Fehring, Günther P./Ress, Anton: Die Stadt Nürnberg. 2. Aufl. bearbeitet von Wilhelm Schwemmer (= Bayerische Kunstdenkmale 10). München 1977.

Friedrich Christoph/Frhr. von Haller/Berthold, Jakob, Andreas (Hgg.): Erlanger Stadtlexikon. Nürnberg 2002.

Gebessler, August: Landkreis Nürnberg (= Bayerische Kunstdenkmale 11). München 1961.

Gebessler, August: Stadt und Landkreis Erlangen (= Bayerische Kunstdenkmale 14). München 1962.

Gebessler, August: Stadt und Landkreis Fürth (= Bayerische Kunstdenkmale 18). München 1963.

Geschichts- und Heimatverein e. V. (Hg.): Häusergeschichte der Altstadt Schwabach. Nürnberg 1966.

Giersch, Robert/Schlunk, Andreas/v. Haller, Berthold: Burgen und Herrensitze in der Nürnberger Landschaft (= Schriftenreihe der Altnürnberger Landschaft L). Lauf a. d. Pegnitz 2006.

Habel, Heinrich: Stadt Fürth. Ensembles, Baudenkmäler, Archäologische Denkmäler. Aufnahmen von Gertrud Glasow und Joachim Sowieja unter Mitarbeit von Hans-Wolfram Lübbeke und Martin Nadler (= Denkmäler in Bayern V.61). München 1994.

hi: Schloss Dürrenmungenau erstrahlt in neuem Glanz. In: Roth-Hilpoltsteiner Volkszeitung 19.08.2012 [ohne Seitenangabe].

hiz: Kirche in neuem Glanz. Restaurierungsarbeiten in Ohlangen vorläufig beendet. In: Roth-Hilpoltsteiner Volkszeitung 12.10.2012 [ohne Seitenangabe].

Hojer, Gerhard: Ehemaliger Landkreis Scheinfeld (= Bayerische Kunstdenkmale 35). München 1976.

Karch, Andrea: Große Schäden an kleiner Kirche. Gotteshaus in Ohlangen muss saniert werden/Hohe finanzielle Belastung. In: Hilpoltsteiner Kurier 04.11.2009 [ohne Seitenangabe].

Kleines Wörterbuch der Architektur. 3. Aufl. Stuttgart 1996.

Koepf, Hans/Binding, Günther: Bildwörterbuch der Architektur. Stuttgart, 3. überarbeitete Auflage 1999 (= Kröners Taschenausgabe Band 194).

mld: Fäulnis unterm Dach. Holzschwamm im Gebälk verzögert Sanierungsarbeiten – Patrozinium am Sonntag. In: Donaukurier 24.01.2012 und Hilpoltsteiner Kurier 25.01.2012.

Ohne Verfasserangabe: Die Kirche St. Peter zu Sinbronn. o.O. o.J. [Infoblatt der Kirche].

Petzet, Michael/Bayerisches Landesamt für Denkmalpflege (Hgg.): Denkmäler in Bayern. Bd. 5: Mittelfranken. Ensembles. Baudenkmäler. Archäologische Geländedenkmäler. Bearbeitet von Hans Wolfram Lübbecke. Luftaufnahmen von Otto Braasch. München 1986.

Ramisch, Hans Karlmann: Landkreis Uffenheim (= Bayerische Kunstdenkmale 22). München 1966.

Schöler, Eugen (Hg.): Historisches Stadtlexikon Schwabach. Schwabach 2008.

Schönwald, Ina: Die Sophienquellfassung in Grünsberg. In: Bennewitz, Nadja/Franger, Gaby (Hgg.): Geschichte der Frauen in Mittelfranken. Alltag, Personen und Orte. Cadolzburg 2003, S. 196f.

Seilkopf, Antje: Standfestes Fischerhaus glänzt wie neu. In: Fürther Nachrichten 19.03.2013 [ohne Seitenangabe].

Wenderoth, Thomas: Baudenkmäler stiften Identität. In: Siftung Bürgerhaus zum Löwen (Hg.): Bürgerhaus zum Löwen. Gemeinsam Gemeinschaft gestalten. Ein Bürgerhaus entsteht. Markt Erlbach 2012, S. 5f.

Verzeichnis unveröffentlichter Informationsmaterialien

Bayerisches Landesamt für Denkmalpflege. Schriftstücke zu Ellingen, Karlshof 2001–2009.

Bayerisches Landesamt für Denkmalpflege. Schriftstücke zu Heidenheim, Pfarrgasse 1. 2006–2012.

Bayerisches Landesamt für Denkmalpflege. Schriftstücke zu Kreisfreie Stadt Schwabach, Neutorstraße 1. 1995

Bayerisches Landesamt für Denkmalpflege. Schriftstücke zu Neustadt an der Aisch – Bad Windsheim. Diespeck, Bamberger Straße 22. 2008.

Bayerisches Landesamt für Denkmalpflege. Schriftstücke zu Pappenheim, Klosterstraße 14. 2004.

Bayerisches Landesamt für Denkmalpflege. Schriftstücke zu Siegelsdorf, Gmde. Veitsbronn, Hauptstraße 11. 2008ff.

Bayerisches Landesamt für Denkmalpflege. Schriftstücke zu Stadt Abenberg, Ortsteil Dürrenmungenau, Schlossallee 1/3. 2004.

Bergmann, Norbert: Kirche St. Jakob in Rothenburg. Maßnahmebeschreibung. Pfaffenhofen 2004.

Blome, Lars Oliver: Bilderdokumentation und Bericht. Voigthaus zu Zerzabelshof. Nürnberg 2012.

Burges, Roland/Döhring, Günther: Tragwerksgutachten Anwesen „Nördlinger Strasse 57", Dinkelsbühl. Bayreuth, Kulmbach 2010.

Evangelisches Kirchenbauamt Nürnberg/Hauenstein, Günther: Gustav-Adolf-Gedächtniskirche Nürnberg-Lichtenhof. Nürnberg 2008.

Fritz, Eva: Ehemaliges Gutshaus Karlshof 1, 91792 Ellingen. Restauratorische Voruntersuchung zu historischen Oberflächengestaltungen. Weißenburg 2008.

Gauger-Klakow, Martina/Klakow, Hartmut: Instandsetzung des denkmalgeschützten Anwesens Am Niederhof 2. Marktbergel. Marktbergel 2012.

Heimatverein Emskirchen (Hg.): Heimatvereinshaus Emskirchen. Auszüge aus der Dokumentation der Generalsanierung 2010–2012. Emskirchen 2012.

Herbst, Ulrich: Beschreibung der Baumaßnahme Anwesen Seumestraße 18, Nürnberg. Nürnberg 2013.

Keim, Hermann: Ehem. Gasthaus „Zur Wolfsschlucht". Martin-Luther-Straße 29, Hersbruck. Fürth 2013.

Lange, T./Roger, F.: Anmerkungen zum verformungsgerechten Aufmaß des Dachwerkes des Hauses Neutorstraße 1 in Schwabach. o. O. o. J.

Radegast, Jochen: Tischvorlage für den 28. November 2006. Ehemaliges Zinsmeisterhaus, Klosterstraße 14 in 91788 Pappenheim. Pappenheim 2006.

Stadt Erlangen: Abschlussbericht „Umbau Gebäude D im Museumswinkel zum Stadtarchiv Erlangen". Erlangen 2012.

Stadt Schwabach. Amt für Stadtplanung und Bauordnung. Schriftstücke zu Neutorstraße 1. 2012.

Wilcke, Holger: Restauratorische Beobachtungen zum bauhistorischen Bestand [Nördlinger Straße 57, Dinkelsbühl]. Heideck 2010.

Wilcke, Holger: Pappenheim Klosterstrasse 14. Vom barocken Speicherbau zum herrschaftlichen Wohnsitz des Pappenheimer Stadtvogts. Heideck 2011.

Windisch Planungsbüro GmbH: Denkmalgeschütztes Gebäude Helmstraße 1, Erlangen. Dokumentation. Uttenreuth 2012.

Winklmann, Ingrid: Befunddokumentation Fürth, Marktplatz 11. Scheßlitz 2009.

Alphabetisches Ortsregister

zusammengestellt von Andrea May unter Mitarbeit von Katharina Zink

Sachgruppenregister

bearbeitet von Andrea May

Epochenstile

Mittelalterliche Bausubstanz (z. T. im Kern)

Renaissance/16.–17. Jahrhundert (auch bedeutende Umbaumaßnahmen)

Barock/17./18. Jahrhundert (auch bedeutende Umbaumaßnahmen)

19. Jahrhundert

Gebäudetypen (auch ehem.)

Bauweise/Materialien

Backsteinbau

Fachwerkgebäude/Holzbauten (auch Teilbereiche)

Putzfassaden (auch Mauern)

Sonstige Sachgruppen

Bildnachweis

Bezirk Mittelfranken, Heinrichmeier Sonja: 7

Bezirk Mittelfranken, Krieger Julia: 8, 9 (4 x), 10 li (3 x), 11 o re, 11 u re, 12 li Mitte, 12 re (2 x), 13 u li, 13 ore, 13 u re, 13 u 2. v. re, 15 o re (3 x), 16 o, 17 o li, 17 u li, 17 o Mitte, 17 re Mitte, 17 u re, 18 u, 19 o li, 19 o re, 19 u li, 22 li Mitte, 22 u li, 22 o re, 23 li Mitte, 23 re Mitte, 23 u re, 24 u, 25 o li, 25 li Mitte, 25 o Mitte, 25 o re, 25 u re, 26 o li, 26 o re, 27 o Mitte, 27 o re, 27 Mitte, 28 li, 28 o, 29 li, 30, 31 (4 x), 32 o, 33 o re, 33 u Mitte, 33 u re, 34 (4 x), 35 (2 x), 36 o re, 36 re Mitte, 36 u re, 36 u li, 37 o li, 37 o re, 37 u re, 38 o li, 37 li Mitte (2 x), 39 o, 40 u li, 40 Mitte (3 x), 40 o re, 42 o (3 x), 43 (2 x), 44 (3 x), 45 re, 46 o, 47 li, 47 o re, 47 u re, 48 o (2 x), 48 u, 49 (2 x), 50 (4 x), 51 (3 x), 62 o, 63 o li, 63 o Mitte, 63 o re, 63 Mitte, 64, 65 o li, 65 Mitte, 65 re Mitte, 65 u re, 66 o re, 66 li Mitte, 66 u li, 67 o (4 x), 67 u Mitte, 67 re Mitte, 68 o li, 69 u li, 69 u re, 70 (6 x), 71 li, 71 u re, 72 (4 x), 73 o, 74 (3 x), 75 (2 x), 76 o Mitte, 76 u Mitte, 76 o re, 76 u re, 77 o Mitte, 77 u re, 81 li, 82 Mitte, 86, 87 (2 x), 89 o, 90 o li, 90 Mitte, 90 o re, 90 u re, 91 (4 x), 91 o li, 91 u Mitte, 93 (2 x), 95 u re, 97 (3 x), 98 o, 98 u, 99 o li, 99 o Mitte, 99 o re, 99 u re, 100 o li, 100 o re, 101 (2 x), 102 (5 x), 103 o li, 103 u re, 103 u Mitte, 104 (3 x), 105 (3 x), 106 o li, 106 o re, 106 u li, 107 li, 107 Mitte (3 x), 107 re Mitte, 107 u re.

Bezirk Mittelfranken, May Andrea: 20 o li, 20 u, 21 u li, 21 u Mitte, 21 o re, 21 u re, 23 o re, 23 u li, 52 o, 52 u, 53 re, 54 u li , 54 re (2x), 55 Mitte (2x), 56, 57 li, 57 2 v li, 57 Mitte u, 57 re o, 57 re u, 58 li, 59 (5x), 60 (2 x), 61 o (2 x), 78 li, 79 (4 x) , 80 li, 80 u re, 82 li (3x), 83 li o, 83 re (2x), 84 re, 85 li (2x), 108 o, 108 li u, 109 li u, 109 r (2x), 110 li, 111 (4x), 112 (4x), 113 li u, 113 re (3x), 114, 114 li, 114 re u, 115 li, 115 u re, 116, 117 Mitte, 117 re u, 117 re Mitte

Berthold Stephan, Veitsbronn: 23 o li, 23 o Mitte

Bergmann GmbH, Pfaffenhofen/Bunz Achim: 14 (2 x), 15 o li, 15 Mitte (3 x VZ), 15 u re

Broser Claus, Kreisheimatpfleger, Leutershausen: 13 re 2. v. u., 13 u 2. v. li, 13 2.v.o.,

Burges u. Döhring, Ing.-Büro, Bayreuth: 10 re (2 x)

Ev.-luth. Kirchenbauamt Nürnberg, Hr. Hauenstein: 89 u, 90 li Mitte, 90 u li, 90 u Mitte

Ev.-luth. Kirchengemeinde Illenschwang/Sinbronn: 11 u li, 12 Mitte

Feulner und Häffner, Arch. Büro, Ellingen: 66 o li, 67 u li

Forster Pia, Erlangen: 76 u li, 77 o li, 77 u Mitte, 77 o re

Gronauer Gunar, Ellingen: 62 u, 63 re Mitte, 63 u (4 x)

Gsaenger Michael, Arch. Büro, Georgensgmünd: 57 o li, 57 re Mitte

Haslbeck Ingeborg u. Corinna, Oberkrumbach: 48 li Mitte

Heimatverein Emskirchen, W. Bärnreuther: 28 u Mitte, 29 re (3 x)

Hepp (Familie), Rothenburg o. d. Tauber: 16 u (2 x), 17 o re

Herbst Ulrich, Arch. Büro, Nürnberg: 107 o re

Huber Hermann u. Gerdi, Westheim: 65 o Mitte (2 x), 65 o re

Joeris Dr. Sabine, Nürnberg: 103 o re

Keim Hermann, Arch. Büro, Fürth: 45 li, 46 u, 47 u Mitte, 84 li (3 x), 85 Mitte, 85 re (2x)

Körner, Hans Ludwig, Abenberg/Dürrenmungenau: 53 li (2x), 53 o Mitte

Krafft-Nether (Familie), Nürnberg: 96

Landratsamt Fürth, 22 o li

Markt Markt Erlbach: 36 o li , 37 u li

Müller Ewald, Schwanstetten: 58 re

Piott Georg, Sinbronn: 12 o li, 12 u. li

Planungsoffensive, L. O. Blome, Arch. Büro, Nürnberg: 94 (2 x), 95 o li, o Mitte, 95 u li, 95 u Mitte

Praus Helmut, Uehlfeld: 39 u, 40 o li, 40 li Mitte, 40 re Mitte

P & P Gruppe Bayern GmbH, Fürth: 80 o Mitte, 80 o re

Radegast Jochen, Arch. Büro, Pappenheim: 68 o re, 68 u re, 69 o re

Reinbarth (Familie), Bullenheim: 32 u li, 33 u li

Rester, Robert, Schwabach: 113 li o, 113 li Mitte

Sari, Firma, Fürth: 82 u re, 83 u li

Sauerhammer Annette, Ing. Büro, Schwebheim: 38 u li, 38 o re

Schad Werner, Diespeck: 26 u li, 27 u li, 27 re Mitte, 27 u re

Schultheiß Eva, Heideck:55 li u, 55 re, 61 u (2 x)

Stadt Erlangen, Untere Denkmalschutzbehörde: 73 u

Stadt Fürth, Bauaufsicht: 78 re

Stadt Langenzenn, Michael Wittmann: 20 o re, 21 o li, 21 Mitte o.

Stadt Nürnberg, Bauordnungsbehörde, Sachgebiet Denkmalschutz: 92 li Mitte, 92 u li, 92 o re, 99 u Mitte, 100 u li, 100 u re, 106 li Mitte

Stadt Rothenburg o. d. Tauber: 18 o

Stadt Schwabach, Kai Maier: 108 u re, 109 li o, 109 Mitte (3x), 110 re, 115 re o, 117 li o, 117 re o

Taschner Michael, Nürnberg: 88 (3 x)

Thürauf Karl, Rothenburg o. d. T.: 19 re Mitte, 19 u re

Ulm Winfried, Ickelheim: 24 o, 25 u li

Von Stromer'sche Kulturgut-, Denkmal- und Naturstiftung, Erlangen: 41 o, 41 u, 42 u

Windisch, Planungsbüro, Uttenreuth: 71 o re, 71 re Mitte

Winklmann Ingrid, Scheßlitz/Starkenschwind: 81 re